D0670916

MASTERING

NORWEGIAN

HIPPOCRENE MASTER SERIES

MASTERING

NORWEGIAN

ERIK J. FRIIS

HIPPOCRENE BOOKS
New York

Copyright© 1996 Erik Friis.

All rights reserved.

For information, address:
HIPPOCRENE BOOKS, INC.
171 Madison Avenue
New York, NY 10016

ISBN 0-7818-0320-9

Printed in the United States of America.

TABLE OF CONTENTS

Preface

This volume in the **Master Series** of language textbooks, published by Hippocrene Books, is intended for self-study as well as classroom use by beginners young and old. It is a carefully planned introduction to the Norwegian language as well as a solid foundation for future advanced study.

The aims of any language textbook may be said to be four-fold. The student should not only be able to read and write in the language studied, but also be able to speak it and understand native Norwegians. One of the overall goals of this book is to familiarize the student with a great number of Norwegian terms and expressions in such fields as tourism and commerce. The serious student, then, will be able not only to converse in Norwegian, but will also have the ability to read many of the literary works of such great writers as Sigrid Undset and Knut Hamsun in the original language.

Norway, in spite of its rather small population of over four million, has the distinction of having adopted two closely related forms of the native language. One is the so-called *bokmål* (also called *riksmål*) which has its early roots in the language of the Middle Ages but, due to Norway's three-century union with Denmark, has been strongly influenced and shaped by the Danish language. Through new rules for spelling dating from 1917 and 1938, however, the present form of *bokmål* has been brought closer to the everyday speech used in towns and cities. *Bokmål*, used by a majority of authors of fiction and scientific material is indeed the preferable alternative of ca. 80 percent of the population.

The remaining 20 percent of the population prefer a form of the Norwegian language that is known as *nynorsk* (New Norwegian) formerly known as *landsmål*. Originally constructed by Ivar Aasen (1813-1896) and based on many of Norway's rural dialects, it is recognized as one of the country's two official languages, and it too has given rise to a very fine literature.

This textbook is intended to inculcate knowledge of the *bokmål* form of Norwegian and hews to a moderate line; it eschews all radical forms as well as the feminine gender of nouns, with only one or two exceptions.

The reader will find that the moderate *bokmål* of this book is very close to the version used by most creators of fiction and nonfiction works as well as by important newspapers.

To study a foreign language from the ground up is not the easiest of tasks. It takes both courage and determination, but when mastered the Norwegian language will repay the student with the pleasure and satisfaction of having successfully expanded his/her intellectual horizon across international boundaries.

Erik J. Friis

Introduction

Before proceeding with the lessons provided in this book, we will give some consideration to the pronunciation of Norwegian vowels and consonants. First, the Norwegian alphabet has three more letters than does the English alphabet: **æ, ø,** and **å.** There are also a number of diphthongs in common usage: **ai, au, ei, oi,** and **øy.** The letters **c, q, w, x,** and **z,** except when appearing in some proper names and words of foreign origin, are rarely used.

Syllables in Norwegian may be stressed or unstressed. Usually the stress is on the **first** syllable of a polysyllabic word. A stressed vowel may be either long or short. The long vowel will usually be followed by a single consonant; the consonant is doubled if preceded by a short or unstressed vowel. In unstressed syllables the vowels are short and the following consonants are often single.

It is important to keep in mind that the tone of spoken words may also be single or double. The single tone predominates in all monosyllables. In words with double tone, the first syllable is a bit high and falls to rise again when there are more syllables. To master these tonal variations, one will find listening to a Norwegian language tape to be very helpful.

Word Order

Usually the word order is as follows: the **subject** is followed by the **verb** (predicate):

> *example*: **Mannen reiser.**
> *The man travels.*

The subject may also be followed by predicate and object:

> *example:* **Han leser boken.**
> *He reads the book.*

The subject may be followed by a predicate, indirect object and object:

> *example:* **Gutten lånte min far boken.**
> *The boy lent my father the book.*

11

After a subject followed by a predicate, indirect object, object and prepositional phrase, the word order is usually as follows:

Jeg likte han sendte meg et brev fra min far.

I liked that he sent me a letter from my father.

Inversion

In sentences that take the form of statements, the subject will precede the predicate (as in English). In sentences that take the form of questions, the predicate will precede the subject:

eg: **Kjøpte han en bok?**

Did he buy a book?

In sentences in the form of questions, in which an auxiliary verb appears, the subject will appear after the auxiliary verb but before the main verb:

eg: **Har han lest boken?**

Has he read the book?

If a main sentence is preceded by a subordinate clause, inversion occurs:

eg: **Når jeg kommer til forretningen, kjøper jeg en bok.**

When I get to the store, I will buy a book.

Inversion of subject and predicate also occurs in affirmative clauses when they follow a direct question:

eg: **Hvor mange er klokken, spurte han.**

What time is it, he asked.

Inversion of subject and predicate also occurs when the entire sentence begins with an emphatic adverb or adverbial expression:

eg: **I sommer var det værst.**   **Der mistet han kronestykket.**

During summer, it was the worst   *There he lost the krone coin.*

Negation

Negation is indicated by the use of the adverb *ikke* (not). In main clauses, the word *ikke* is placed immediately following the verb:
> *example:* **Mannen kommer ikke.**
> *The man does not come.*

In compound sentences *ikke* is placed between the auxiliary and the principal verb:
> *example:* **Jeg har ikke sett deg på mange år.**
> *I haven't seen you for many years.*

When a personal pronoun serves as an indirect object, *ikke* is placed after the personal pronoun:
> *example:* **Han leverte henne ikke sin bok.**
> *He didn't give her his book.*

In negative questions, the noun is usually placed after *ikke*, but a pronoun subject is placed right after the verb:
> *eg:* Kommer **ikke** mannen?   Kjøpte han **ikke** en bok?
> *Isn't the man coming?*   *Didn't he buy a book?*

In subordinate clauses *ikke* is placed before the verb:
> *example:* Når jeg **ikke** finner boken, blir jeg skuffet.
> *When I don't find the book, I am disappointed.*

What is said about *ikke* also applies to other adverbs, such as *alltid*, *bestandig*, *ofte*, *sjelden*, *gjerne*, and *aldri*.
> *eg:* **Han kjøpte aldri en bok.**
> *He never bought a book.*

> **Siden han aldri har lært å lese, må han lære seg nå.**
> *Since he has never learned how to read, he has to learn it now.*

The Alphabet

We will now cover the entire alphabet and point out the variations in pronunciation. It would be very helpful to read the following paragraphs while listening to a Norwegian language audiocassette.

a: usually when long, *a* is pronounced like *a* in the English word **father**. In unstressed syllables it may be short; compare the words *hatt* (hat, short a) with *hat* (hate, long a).

e: is pronounced like the *e* in the French word *café* in words where it is long. The short *e* on the other hand is pronounced like the *e* in the English word **bet**. It should be noted that *e* before *r* is pronounced as if written *æ: her* (here), *verden* (world). In the pronouns *de* (they), and *De* (you, formal), the *e* sounds like an *i*, as in the English word **fee**. The *e*, if often unstressed, is never silent.

i: is sounded like the English *ee* in **he** and **see**. The short *i*, as in *trikk* (trolley, trick), is usually followed by a double consonant.

o: in both stressed and unstressed syllables, this is pronounced like a broader *oo* in **book**, in such words as *bok* (book) and *rom* (room). The *o* may at times sound like an open *å*, as in *over, sove* (sleep), and *opp* (up).

u: this sounds like *ue* in **true** and in **view**. It may be a long vowel in words like *pute* (pillow) and a short vowel in *sulten* (hungry).

y: sounds like the French *u* and may be short or long. It is long in such words as *ny* (new) and *lys* (light) and is short in *tykk* (thick) and *hytte* (cabin). However, the *y* in *syttende mai* is pronounced like an *ø*.

æ: this is pronounced much like the *a* in the English word **man**. It is a long vowel in *være* (to be) and *vær* (weather), and is short as in *færre* (fewer). It sounds like an *e* in *væske* (liquid) and *fæl* (awful).

ø: is pronounced like the French *eu*. It is long in *dø* (to die), and short in *lønn* (wages).

å: is pronounced as *a* in the English word **call.** It takes a long pronunciation in *båt* (boat) and a short pronunciation in *råtten* (rotten).

ai: is pronounced like a long *i* in the English word **by**: *examples: hai* (shark) and *mais* (corn).

au: this diphthong sounds like the *o* in the English word **how**, *example: august* (the month). A special note should be made of the fact that the word for Europe — *Europa* —begins with the *eu* sounding like an *au*.

ei: sounds like *æ* followed by an *i*, as in *reise* (travel) and *vei* (road). It should be noted that such words as *regn* (rain), *egn* (region), *meg* (me), *deg* (you), and the numeral *seksten* (sixteen) are all pronounced as if written with an *ei*.

oi: is usually pronounced as *oy*, as in the English word **boy**.

øy: this diphthong in such words as *tøy* (cloth) and *nøytral* (neutral) sounds like an *ø* followed by an *i*. Such words as *døgn* (a day and night) and *løgn* (a lie) sound as if they are written with *øy*.

b: sounds like the same letter in English.

c: is pronounced like an *s* before the vowels *e*, *i* and *y*. It may be pronounced like a *k* in certain words of foreign derivation, such as **cocktail.**

d: is pronounced like the *d* in many English words. It is often silent at the ends of words, such as *god* (good), and *glad* (happy), but it is pronounced in *Gud* (God) and *bad* (bath), etc. After *l* and *n*, the *d* may be silent: *examples: kald* (cold), *holde* (to hold), *blande* (to mix), but is heard in the word *kunde* (customer).

f: is pronounced like the *f* in English.

g: is pronounced as a hard consonant, like **dog** in English. The *g* is silent before *j* as in *gjøre* (to do) but is pronounced before *n* as in *gni* (to rub) and *gnage* (to gnaw). It is pronounced like a *j* before *i* and *ei*, as in *gi* (to give) and *geit* (goat). The combination *lg* is pronounced like a double *l* in *selge* (to sell), but is pronounced in *bølge* (a wave) and *selger* (a seller). The *g* is silent in *morgen* (morning) and becomes a double *r* in *i morges* (this morning).

h: is pronounced like the *h* in the English word **he**, in such words as *han* (he) and *holde* (to hold). The *h* is silent when it precedes a *j* or *v*: *examples: hjelpe* (to help), *hjul* (a wheel), *hvor* (where), and *hvem* (who).

j: sounds like the *y* in the English word **young**. It occurs as the initial letter in such words as *jente* (girl) and *jul* (Christmas), and is also heard when following such consonants as *l, d* and *n* in words like *balje* (tub), *midje* (waist), and *linje* (line).

k: sounds like the English *k.* The word *kake* (cake) as well as the word *sukker* (sugar) have similar sounding *k*'s. It must be noted that the *k* is not silent before *n,* as it is in English, being voiced in such words as *kneble* (to gag) and *knapp* (a button). In conjunction with a *j* the *kj* is a voiceless sound but made more fricative than the opening sound in the English word **hue**. Note that the word *seksten* (sixteen) and *sekstende* (sixteenth) are pronounced as if written with *ei* instead of *ek.*

16

l: sounds like the *l* in the English word **lesson:** *examples* being *liten* (little) and *legge* (to lay). However, it does not have the hollow sound of the English *l*, as in **tall** and **tell**. The *l* is silent if preceding a *j*, as in *ljå* (scythe).

m: is pronounced like the English *m* in such Norwegian words as *mate* (to feed) and *dame* (a lady). It is often seen as a double *m* in the middle of words, but remains single at the end of shorter words: *examples: komme* (to come) and *dom* (judgment) but is doubled if a word adds an inflective ending, like *-en.* *example: dommen* (the judgment). An adjective like *dum* (dumb) becomes *dummere* (more dumb) in the comparative and *dummest* in the superlative.

n: sounds like *n* in such English words as **night** and **noble,** examples being *nå* (now), *natt* (night) and *nonne* (a nun). Before *g* and *k* it results in a sound like in the English **thing** and **think,** Norwegian examples being *lengre* (longer) and *bank* (a bank).

p: sounds like the *p* in English, as for instance in *penn* (pen), *profil* (profile), and *neppe* (hardly).

q: appears only in foreign-derived loanwords, like **quick-step**.

r: is pronounced in a variety of ways in Norway. It ought to be pronounced very distinctly, even in words where it precedes *d, n, l,* and *t,* where the tendency is to give a "thicker" pronunciation than in the US The combination *rs* will often sound like *sh*, as in *verst* (worst).

s: sounds like *s* in English. Examples are *lese* (to read), *synge* (to sing), *skole* (school), and *seks* (six). The combination *sj* is pronounced like the English *sh*, as is the combination *skj* as well as *sk* preceding *i, y, ei,* and *øy,* examples: *sjel* (soul), *skjære* (to cut), *ski* (to ski), and *skøyte* (a skate).

t: is pronounced very much like the English *t*. Although *tj* is silent like *kj* in such words as *tjern* (little lake), it is voiced in the words *tjene* (to earn, to serve) and *tjeneste* (a service, a favor). The *t* is silent in the article *det* and in the singular definite form of neuter nouns like *vannet* (the water) but is voiced in the genitive, like *vannets* (the water's).

v: sounds very much like the English *v*, as in *have* (garden) and *vare* (to last, commodity). The combination *l* and *v* may sound like a double *l* in such words as *tolv* (twelve) and *halv* (half) but is distinctly heard in *kalv* (calf), *elv* (river) and many other words.

w: is only present in foreign loanwords and sounds like *v*.

x: appears only in foreign loanwords and some proper names and is pronounced like *ks*.

z: appears only in words and names of foreign origin and is pronounced like *s*.

In conclusion, we will deal with a number of consonant combinations and their pronunciation.

gj: is pronounced as if the *g* is silent. The *j* resembles the *y* in the English word **yes**. This combination appears in such words as *gjennom* (through) and *gjest* (guest).

hj: like the combination *hv*, the *h* is also silent, therefore it is pronounced like a plain *j*, as in the English word **yes**. *Example: hjelpe* (to help).

hv: the *h* is silent, therefore it ends up being pronounced like a plain *v*. *Example: hvete* (wheat).

kj: in such words as *kjære* (dear) and *kjenne* (to feel), is pronounced like a hard *j* in English, with the toungue touching the lower front teeth.

k: when followed by the vowels *i* and *y* is usually pronounced like *kj*, as is *kirke* (church) and *kyst* (coast).

skj: is pronounced like the *sh* in the English word **hush**. *example: skjørt* (skirt)

sk: is pronounced *sh* if it is followed by the vowels *i* as in *ski* (ski) or *y* as in *sky* (cloud) , or the diphthong *øy* as in *skøyte* (skate).

tj: is often pronounced like *kj* in words such as *tjern* (small lake) and *tjære* (tar). In other words starting with *tj*, it is pronounced as a *t* followed by a *y*, again like the English *y* in **yes**.

The material in this book has been organized in such a way that it will be useful to students who attend classes in Norwegian or prefer self-study. The first part of most chapter contains a dialogue dealing mainly with the cultural topic to which each chapter is devoted. The student should go over the vocabulary and if possible memorize words and meanings before reading the dialogue a second time. The third part of each chapter consists of questions in English about the material at hand, and it is expected that the student will formulate answers in Norwegian. Suggested answers to all questions will be found in the Appendix. The last part of most chapters is devoted to grammar.

In conclusion, because it is impossible for the Vocabulary sections to cover all the difficult words encountered in the dialogues, it is highly recommended that the student owns both a Norwegian-English and an English-Norwegian pocket dictionary. Because of its Germanic roots, Norwegian should not be a difficult language for Americans to master but it nevertheless calls for a student's wholehearted interest and concentration. In the student's progression through the following twenty chapters, he/she will have the best wishes of the author.

CHAPTER 1

Greetings and Salutations

Dialogue 1

Professor Bredal visits the office of Mr. Johansen to return a rare book that he has borrowed.

Professor Bredal: Er hr. Johansen tilstede?

Sekretæren: God dag, professor Bredal. Ja, bare et øyeblikk.

Hr. Johansen *(kommer ut i forværelset)*: God dag, hr. professor. Kom inn på kontoret.

Professor Bredal: Hvordan står det til, hr. Johansen.

Hr. Johansen: Takk bare bra. Og med Deres familie? Alt bra, håper jeg.

Professor Bredal: Takk, alt står bra til hos oss. Jeg kommer innom for å returnere den interessante boken jeg lånte. Takk for lånet.

Hr. Johansen: Ja, man kan jo si at det er en virkelig bokskatt. Jeg er glad for at De likte den. Og nå skal den settes tilbake på æresplassen in bokhyllen min. Jeg er glad for at De bragte den tilbake så prompte. Takk for det.

Professor Bredal: Det er jeg som skal takke. Adjø, hr. Johansen.

Dialogue 2

It is early evening when friends of Vigdis Holst visit her in her apartment in Frognerveien in Oslo. Dr. Henningsen and his wife arrive late.

Vigdis: Det gleder meg å treffe Dem, fru Henningsen. De må finne Dem en god stol.

Fru Henningsen: Det er en stor fornøyelse for meg å treffe Dem, frøken Holst. For en nydelig leilighet De har. Og De skal snart ut å reise? Vi begge ønsker Dem en god tur.

Vigdis: Takk for det. Og dette er Henrik Stangeland, en gammel venn av meg.

Henrik: God aften. Jeg har hørt så meget on familien Henningsen.

Dr. Henningsen: Hyggelig å treffe en venn av Vigdis.

Vigdis: Nå må dere alle ta plass og nyte bordets gleder.

Før de setter seg vil Vigdis presentere de nye gjestene for de tidlig ankomne. Aftenen fortsetter under høy stemning. Når tiden er kommet for gjestene å dra hjem sier Vigdis til alle: Takk for at dere kom! På gjensyn!

Gjestene takker for godt vertskap og tar veien hjem.

VOCABULARY

Throughout the book, in this section we will list the most important words and phrases found in the dialogue. The gender of Norwegian nouns is indicated by the article *en* or *et*. If the plurals are formed in an irregular way, the irregular forms are indicated after the main entry. Verbs are indicated by the *å* before the infinitive. With irregular verbs, the past and participle are added.

en bokskatt	literary treasure
en bokhylle	bookshelf

et lån	loan
en fornøyelse	pleasure
en familie	family
et bord	table
en stemning	atmosphere, a feeling
en gjest	guest
et vertskap	host or hostess
et hjem, hjem, hjemmene	home
en sekretær	secretary
et kontor	office
en god stol	lounge chair
en leilighet	apartment
et øyeblikk	moment
en professor	professor
bordets gleder	good food and drinks
en æresplass	place of honor
å reise	to travel
å presentere	to present, to introduce
å treffe, traff, har truffet	to meet
å fortsette, fortsatte, har fortsatt	to continue
hyggelig	pleasant, nice
ingen årsak	no reason, *informal* "don't mention it"
vær så god	be so kind, please
ja, jo	yes, *jo* is used as yes in reply to a negative question
god dag	good day
god morgen	good morning
god aften	good evening
god natt	good night
adjø	farewell, adieu, good-bye
De (*nom.*), Dem (*acc*)	you (formal)
du, deg, din, ditt	you, your, yours
prompte	promptly

Please answer the following questions in Norwegian. For suggested answers, see the Appendix.

1. How would you wish a friend a happy journey?
2. What would be the proper morning greeting? midday? early evening? And when leaving?
3. What would be the proper response when introduced to someone's wife for the first time?
4. What would be the proper response when arriving at a friend's house after having received a written invitation to a party?
5. What terms are used when returning a borrowed book? After a great meal? For a pleasant evening? When leaving?
6. Translate: "He is ill but he wants to travel to Paris."
7. Translate: "He is in his office, but he will meet me in the anteroom."
8. How would you characterize Vigdis's apartment?
9. What do the guests do at the end of the evening?
10. Does Vigdis sound like a good hostess?

GRAMMAR AND USAGE

Nouns

Nouns are words that name a person, animal, plant, place, thing, substance, quality, action, idea, or state. Unlike English, Norwegian nouns vary in both gender and number. In sentences nouns are used as the subject or object of a verb, or as an object of a preposition.

Gender Articles and Endings:

Norwegian nouns have three genders: masculine, feminine, and neuter. It is important to memorize the gender of each Norwegian noun when learning new vocabulary. The feminine gender is used very rarely in writing. Used frequently in everyday speech, it is not generally used by conservative writers of *bokmål*. The masculine, or common, gender usually takes its place.

	Indefinite Singular	Definite Singular	Indefinite Plural	Definite Plural
(mas) **en gutt**	gutten	gutter	guttene
(fem) **ei jente**	jenta	jenter	jentene
(mas w/ e) **en tanke**	tanken	tanker	tankene
(neuter) **et hus**	huset	hus	husene
(neuter) **et bilde**	bildet	bilder	bildene

As seen above, the masculine gender is indicated by the indefinite article *en* in the singular, and *-er* and *-ene* usually in the plural form. In the feminine gender, the indefinite article is *ei* and the definite suffix is *a*. The feminine plural forms take the same endings as the masculine: *-er* and *-ene*. In the neuter gender the indefinite article is *et* in the singular and again, *-er* and *-ene* indicate the indefinite and definite plural. If a noun ends in *-e*, the definite singular adds merely *-n* or *-t*, the indefinite plural adds an *-r* and the definite plural just *-ne*.

NOTE: For one syllable neuter nouns, the indefinite singular and the indefinite plural are identical. In the definite singular and plural, a final consonant at the end of neuter nouns is usually doubled before adding the ending.

example: **et hjem** ⇒ hjemmet, hjem, hjemmene
  a home ⇒ *the home, homes, the homes*

Possessive of Nouns

The genitive of nouns is formed by adding an *s* to the nominative in both the indefinite and definite forms, singular and plural.

Verbs

Verbs are words that express actions, states or events. In Norwegian the verbs are conjugated by neither gender nor number. In the infinitive, *å* precedes the verb and *-e* is added to the stem. In declarative sentences, the verb usually follows the noun (subject). In questions, the order is reversed. The infinitive form of all verbs appears as follows:

å være - to be
å kaste - to throw
å reise - to travel

NOTE: Monosyllabic verbs do not have an *e* added to the   infinitive.

å se - to see
å snu - to turn
å ta - to take

Verb Tenses (simple)

The **present** tense (*nåtid, presens*) is formed by adding *-r* to the infinitive:

examples:

å se ⇒ se**r**   å snu ⇒ snu**r**
sees   *turns*

It should be noted that the present tense of *være* is **er**.

The **imperfect (past)** tense (*fortid, imperfektum*) is usually formed by adding *-t* to the infinitive or by adding *-te* to the stem of the verb:

examples: å kaste ⇒ kaste**t**   å reise ⇒ reis**te**

Many verbs have irregular past forms. A list of common irregular verbs is included in the Appendix and should be committed to memory.

Verb Tenses (compound)

The **perfect** tense *(perfektum)*, describing the recent past, is formed by preceding a verb conjugated in the perfect tense with the auxiliary verb *har* (the present tense conjugation of *å ha*, to have):

examples: jeg **har** snudd   jeg **har** tatt   jeg **har** vært
          I have turned   *I have taken*   *I have been*

          jeg **har** kastet   jeg **har** sett.
          I have thrown   *I have seen*

The **pluperfect** *(pluskvamperfektum)*, describing the distant past, is constructed very similarly to the perfect tense, except *hadde* takes the place of *har*:

examples: jeg **hadde** snudd   jeg **hadde** reist.
          I had turned   *I had traveled*

In the **future** tense *(fremtid, futurum)*, the auxiliary verbs *skal* or *vil* (shall, will) precede the infinitive:

examples: å reise ⇒ jeg **skal** reise   å ta ⇒ jeg **vil** ta
          I will travel   *I will take*

CHAPTER 2

A Visit to a Friend

Dialogue 1

Mrs. Pedersen, a resident of Oslo, has made a trip to Trondheim in order to meet a few old friends. Unsure about the way to get to her friend Ellen's house, she asks a stranger for directions.

Fru Pedersen: Unnskyld meg, men kan De si meg hvorledes jeg kommer til Langgaten 37?

Mannen: Det skal jeg gjøre med glede, siden De sikkert er en nykommer til byen. Det er slett ikke vanskelig å komme dit. Bare gå rett frem to kvartaler, og så gå til venstre hundre meter eller så, og da vil De være i Langgaten.

Fru Pedersen: Tusen takk skal De ha. Jeg bodde i Trondheim da jeg var liten, men nå er allting så forandret.

Mannen: Ja, De har rett i det. Trondheim har vokset noe forferdelig i de siste årene, til tross for at vi ikke har noen oljeleting i Trondheimsfjorden. men vi har jo Den Tekniske Høyskolen som er en veritabel magnet for store deler av landets ungdom. Og vi har institusjoner for vitenskap og forskning. Jeg er nemlig historielærer og jeg er litt stolt av byens rolle i Norgeshistorien. Trondheim var jo rikets hovedstad i mange år i Middelalderen, og det er ikke langt herfra til Stiklestad, hvor St. Olav falt i kamp mot bondehæren i året 1030. Og så har vi jo domkirken som De ikke må unngå å besøke.

Fru Pedersen: Mange takk for opplysningene. Jeg finner nok veien.

Mannen: Ingen årsak. Det er lett å komme frem her i Trondheim.

Fru Pedersen *(mumler til seg selv)*: Det var jo en meget hyggelig mann. Men så snakksom han var da!

Dialogue 2

Mrs. Pedersen reaches the home of her friend, Ellen Granseth, and they soon begin to discuss Ellen's recent travels.

Fru Pedersen: Jeg har hørt at du har vært ute og reist i det siste. Var det som turist eller i forretninger?

Ellen: Ja, jeg har hatt et par vidunderlige år. Jeg reiste jo i fjor med fly frem og tilbake til Amerika. Der dro jeg med buss tvers over kontinentet og så flere severdigheter enn jeg kan komme på i øyeblikket. Jeg overnattet for det meste i de såkalte moteller, som i regelen var svært behagelige. New York er jo en helt enestående by. Grand Canyon overgår enhver beskrivelse, og California er jo et kapittel for seg selv. Og i forfjor dro jeg til Middelhavslandene og tok jernbanen fra Paris til Istanbul. Jeg hadde kjøpt en billett som dekket hele turen gjennom et reisebyrå. Hotellene var fortrinlige og maten, som jo er litt forskjellig fra vår, smakte helt bra. Alt jeg så i Egypt, Hellas, Italia, Spania og Nord-Afrika kan jeg skrive en bok om. St. Peterskirken er jo i en klasse for seg selv, og alle museene var alle verd et besøk. Du må tenke på å ta en utenlandstur selv; det er noe du aldri kommer til å angre på.

Fru Pedersen: Det koster jo både tid og penger, men nå har du vekket reiselysten i meg. Vi må snakke nærmere om det neste gang vi treffes. Men nå må jeg rekke flyet til Oslo. Det blir også en fin tur.

en nykommer	newcomer
et kvartal	city block
en oljeleting	search for oil deposits
en magnet	magnet
en vitenskap	science, a scientific field
en forskning	research
en hovedstad	capital city
Middelalderen	the Middle Ages
en historielærer	history teacher
en bondehær	peasant army
en opplysning	piece of information
en turist	tourist
en severdighet	tourist attraction, worth seeing
et Middelhavsland	Mediterranean country
en jernbane	railroad, a train
en billett	ticket
et reisebyrå	travel agency
en reisefelle	fellow traveler, companion
en reiselyst	fondness for travel
et kontinent	continent
et rike	kingdom, a state
et motell	motel
en beskrivelse	description
et kapittel	chapter
en domkirke	cathedral
en utenlandstur	trip abroad
å mumle	to mutter, to mumble
å overnatte	to stay overnight
å angre	to regret
å komme på	to think of
å unngå	to avoid, to evade
å besøke	to visit
vanskelig	difficult
forferdelig	terrible
veritabel	regular, authentic
vidunderlig	wonderful

forferdelig	terrible
veritabel	regular, authentic
vidunderlig	wonderful
snakksom	talkative
i fjor	last year
i forfjor	year before last
gå til ventre (høyre)	walk to the left (right)
i forretninger	on business

EXERCISES

Try to respond to these questions with complete sentences in Norwegian. Suggested answers will be found in the Appendix.

1. Where does Mrs. Pedersen want to go and how will she get there?

2. What does the history teacher suggest as most worth visiting in Trondheim?

3. To what countries has Ellen traveled and what has most impressed her?

4. What does she propose that Mrs. Pedersen consider doing in the future?

5. To what office or service should a prospective traveler turn, and what will it do to help him/her?

6. How has Ellen reacted to her stays in both hotels and motels? Does she show any preference?

7. Why does Mrs. Pedersen hesitate to make a trip abroad?

8. From what city and to what city has Mrs. Pedersen traveled and why?

9. Why was the man so proud of Trondheim's past?

10. What does Mrs. Pedersen wish to talk about next time she sees Ellen and why

Personal Pronouns

Personal pronouns take the place of a person or persons. The Norwegian pronouns are as follows:

NOMINATIVE	ACCUSATIVE
jeg (I)	meg (me)
du, De (you)	deg, Dem (you)
han (he)	ham (him)
hun (she)	henne (her)
vi (we)	oss (us)
dere (you)	dere (you)
de (they)	dem (them)

Memorization Tip:
Note the similarity in pronunciation

English	Norweg.
we	vi
us	oss

The pronouns *du* and *deg* are used when addressing friends and others with whom one is on a familiar basis. *De* and *Dem* are the formal forms of address. However, in modern usage, *du* and *deg* are taking the place of *De* and *Dem* more and more.

The nominative form of personal pronouns is used to replace the subject of a sentence:

> *example*: **Elise** kom hjem. ⇒ **Hun** kom hjem.
> *Elise came home.* *She came home.*

The accusative form of personal pronouns is used as objects and indirect objects, as well as following prepositions:

> *example*: Mannen så **Erik**. ⇒ Mannen så **ham**.
> *The man saw Erik.* *The man saw him.*

The object form is used in phrases like *det er meg*. However, the nominative is often used when a statement is followed by a relative pronoun:

> *example*: Det var **han** som kom for sent.
> *It was he that arrived late.*

The object form is also used in comparisons with the subject:
example: Jeg er eldre enn **deg**.
I am older than you.

Cardinal Numbers

1	en	21	en og tyve	1000	tusen, ett
2	to	22	to og tyve		tusen
3	tre	23	tre og tyve	10.000	ti tusen
4	fire	24	fire og tyve	12.000	tolv tusen
5	fem	25	fem og tyve	100.000	hundre tusen
6	seks	26	seks og tyve	500.000	fem hundre
7	syv (sju)	27	syv og tyve		tusen
8	åtte	28	åtte og tyve	1.000.000	en million
9	ni	29	ni og tyve	100.000.000	hundre
10	ti	30	tredve/tretti		millioner
11	elleve	31	en og tredve	1.000.000.000	en milliard
12	tolv	40	førti		
13	tretten	50	femti		
14	fjorten	60	seksti		
15	femten	70	sytti		
16	seksten	80	åtti		
17	sytten	90	nitti		
18	atten	100	hundre		
19	nitten	110	hundre og ti		
20	tyve, tjue	200	to hundre		

62,354   to og seksti tusen tre hundre og fire of femti

1.000.000.000.000   en million million, en billion

Note: *The periods in very high numbers are usually substituted by a space.*

In Norwegian, a billion is a million millions. In the United States, a billion is a thousand millions, which equals a Norwegian milliard.

Ordinal Numbers

1.	*(den, det)* første	19.	nittende
2.	annen, andre	20.	tyvende
3.	tredje	21.	en og tyvende
4.	fjerde	22.	to og tyvende
5.	femte	30.	tredevte
6.	sjette	31.	en og tredevte
7.	syvende, sjuende	50.	femtiende
8.	åttende	60.	sekstiende
9.	niende	64.	fire og sekstiende
10.	tiende	70.	syttiende (pron. søttiende)
11.	ellevte	80.	åttiende
12.	tolvte	90.	nittiende
13.	trettende	96.	seks og nittiende
14.	fjortende	100.	hundrede
15.	femtende	110.	hundre og tiende
16.	sekstende	200.	to hundrede
17.	syttende	1,000	tusende
18.	attende		

CHAPTER 3

Hotels and Inns

Dialogue 1

Arne Hagen is a young man who lives in Oslo and loves to travel throughout Norway. While staying at a hotel in Bergen, he meets a young lady from North Norway, Lisa Berntsen. We record some of their conversation.

Arne: Hva synes du om hotellet her, Lisa?

Lisa: Det er slett ikke så værst. Jeg liker å ha både dusj og badekar. Og maten her er jo nesten superb. Jeg arbeider nemlig i et reisebyrå i Tromsø, og vår erfaring er at det kan være stor forskjell mellom hoteller, for ikke å si moteller.

Arne: Jeg har min daglige dont i en sparebank, og jeg setter pris på å kunne komme vekk et par dager. Det er ikke alltid lett for meg å løse alle de problemene folk kommer til banken med. Fra det ene til det annet: Hva er prisen på rummet ditt? Det er et enkelt værelse, er det ikke?

Lisa: To hundre kroner døgnet. Men jeg synes ikke at dette er en overpris. Rummet er stilig møblert, og det er ingen støy fra gaten utenfor. Og prisen inkluderer frokost. Ikke å forglemme, jeg har fjernsyn på værelset. Men jeg hadde, sant å si, foretrukket et hotell hvor alkoholholdige drikker ikke serveres. Jeg burde kanskje ha nevnt at da jeg kom hit var alle enkeltværelsene opptatt, så de ga meg et dobbeltværelse til samme pris som et enkelt.

Dialogue 2

The two young people discuss their planned routes, their hopes, and their expectations with regard to their travels.

Arne: Jeg vil gjerne tilføye noen ord om hotellet vårt. Det har jo en meget høflig betjening. Da jeg ankom med bilen var det en som parkerte den på hotellets egen parkeringsplass. Og det beste er kanskje at jeg kan betale for oppholdet mitt med et kredittkort. Det gjør jo allting meget lettere. Og ikke å forglemme den unge fyren som bragte bagasjen min opp til rummet mitt, som syntes å være svært fornøyd med hva jeg ga ham som drikkepenger. Og restauranten her må man jo si er førsteklasses med priser som lar seg høre. Faller ikke maten i din smak også? Kelnerne er all høflige karer, og gjestene er alle hyggelige mennesker, og jeg må innrømme at det har vært litt av en opplevelse å ha vært her et par dager.

Lisa: Så det er ikke så rart at dette hotellet har et høyt renommé blant både norske og utenlandske reisende. Og det er intet som teller mer i forbinnelse med vår vakre natur som jo har hjulpet Norge til å bli et turistland uten like. For min del vil jeg gjerne se deler av Sør-Norge som vi nordlendinger sjelden besøker. Jeg vil da helst overnatte en natt eller to i moteller eller pensjonater eller vertshus som man også kaller det. På den måten blir det billigere i det lange løp. Og da kan jeg reise lenger og se meget mer av landet vårt.

VOCABULARY

et badekar	bathtub
en dusj	shower
en erfaring	experience, a practice
en daglig dont	daily task

en sparebank	savings bank
en overpris	excessive price
en støy	noise
en frokost	breakfast
en betjening	service staff
en parkeringsplass	parking area
et kredittkort	credit card
et enkeltværelse	single room
et dobbeltværelse	double room
et renommé	reputation
et pensjonat	boarding house
et vertshus	inn
et fjernsyn	television
en fyr	young man
en bagasje	luggage; baggage
en drikkepenge	tip, gratuity
en kelner	waiter
en gjest	guest
et menneske	human being
en opplevelse	experience, adventure
en reisende	traveler
et turistland	country for tourists
en nordlending	person from North Norway
å komme vekk	to get away
å løse	to solve
å forglemme	to forget
å foretrekke, foretrakk, har foretrukket	to prefer
å oppta, opptok, har opptatt	to take
å bringe, bragte, har bragt	to bring
å tilføye	to add
sjelden	seldom
alkoholholdig	containing alcohol
høflig	courteous
sant å si	truth to tell

EXERCISES

After reading the dialogues once more, try to respond to these questions with complete Norwegian sentences. For suggested replies, see the Appendix.

1. What does Lisa think of her hotel?
2. Why does Arne appreciate his vacation in Bergen?
3. How much does Lisa pay for her room per night? What is her reaction to the amount?
4. How does Lisa feel about temperance?
5. Why does Lisa get a double room for the price of a single?
6. To what does Arne refer when he is praising the hotel and its staff?
7. How will Arne pay his bill, and what is the advantage of that method?
8. Why does Lisa think that their hotel has a good reputation?
9. What part of Norway does she wish to see, and why?
10. What types of lodging does she plan to use?

GRAMMAR AND USAGE

Reflexive Pronouns

Reflexive pronouns refer back to the subject (noun) in a sentence.

jeg setter **meg**	I sit down, I seat myself
du setter **deg**	you sit down, you seat yourself
han(hun) setter **seg**	he(she) sits down, he(she) seats himself(herself)
vi setter **oss**	we sit down, we seat ourselves
dere setter **dere**	you sit down, you seat yourselves
de setter **seg**	they sit down, they seat themselves

It should be noted that verbs that call for reflexive action use the reflexive pronouns *meg, deg,* (myself, yourself) in the first and second person singular, and *oss, dere* in the first and second person plural. However, in the third person, both singular and plural, reflexivity is indicated by the pronoun *seg*.

Relative Pronouns

The relative pronoun *som* will usually refer back to the subject (noun) of a sentence and is followed by a verb in a subordinate clause. *Som* in such sentences is the English equivalent of **who, which,** or **that:**

> *examples:* Jeg kjenner en mann **som** bor i U.S.A.
> *I know a man who lives in the U.S.A.*
>
> Dette er toget **som** går til Trondheim.
> *This is the train that goes to Trondheim.*

Som may be deleted if it is **not** the subject of the subordinate clause:

> *example:* . . .den boken *[som]* jeg tok med meg
> . . . *the book [that] I took with me*

The possessive of the relative pronoun is *hvis*, meaning **whose** or **of which:**

> *example:* Det er mannen **hvis** bok jeg tok med meg.
> *He is the man whose book I took with me.*

Other relative pronouns are: *der, hvem, hvilken, hvilket, hvilke:*
> *example:* Ingen kjente ham **der** hadde gått på den skolen.
> *No one knew him who had attended that school.*
>
> Det er en mann **hvem** jeg har kjent i mange år.
> *It is a man whom I have known for many years.*

The relative pronoun *hva* is used in such sentences as the following:
> *eg.* Han er en flink gutt, **hva** ingen av lærerne kan benekte.
> *He is a smart boy which none of the teachers will deny.*

The Days of the Week

søndag	Sunday
mandag	Monday
tirsdag	Tuesday
onsdag	Wednesday
torsdag	Thursday
fredag	Friday
lørdag	Saturday

The Months of the Year

januar	January
februar	February
mars	March
april	April
mai	May
juni	June
juli	July
august	August
september	September
oktober	October
november	November
desember	December

CHAPTER 4

Traveling Abroad

Dialogue 1

Mrs. Eide is planning a trip to England. She first takes a train from her native Oslo to Bergen. From there, she will continue on by boat to Newcastle. Before she sets out, she has the following conversation at a ticket window in the Oslo Central Station.

Fru Eide: Jeg vil gjerne ha en billett fra Oslo til Bergen med avgang torsdag morgen. Og jeg reiser helst på annen klasse.

Ekspeditøren: Det skal bli, frue. Vognene er meget bekvemme og spisevogn følger med naturligvis. Og vi har for ikke lenge siden satt inn nye elektriske lokomotiver. Det blir tre hundre kroner. Takk skal De ha.

Fru Eide: Jeg vil også gjerne få tak i en brosjyre over reiseruten og en liste over alle naturseverdighetene som jeg vet finnes langs ruten.

Ekspeditøren: Vi har desverre bare en rutetabell. Jeg må be Dem henvende Dem til reisebyrået tvers over gaten, som vil med glede gi Dem all slags litteratur. Toget drar jo gjennom den velkjente Hallingdalen og nærmere Bergen vil De jo dra langs naturskjønne fjorder i et herlig landskap. Så De må ha en god reise da!

Fru Eide: De har vært veldig forekommende, og jeg er meget takknemlig for slik fin service.

Dialogue 2

From Bergen, Mrs. Eide travels by ship to Newcastle where her son is living. She receives her ticket and necessary information from a travel agency in Bergen.

Fru Eide: God dag, jeg vil gjerne ha en billett med båten til Newcastle i morgen. Samt en returbillett med fly tre uker senere.

Ekspeditøren: God dag, frue. Dette er jo en tid på året man helst reiser med båt istedenfor fly. Man må jo overnatte på båten og jeg skal gi Dem en lys og pen lugar. Det blir tolve hundre kroner i alt. Og så må De nyte sjøluften, og med våre ny båter merker man så å si ingen sjøgang selv i vær som neppe kan kalles blikkstille. Og så er det jo både en bar og en finfin restaurant ombord, som blir skrytt opp i skyene av folk som har reist den veien. Og De vil treffe mange vennlige og hyggelige medpassasjerer.

Fru Eide: Fra Newcastle drar jeg til Manchester etter jeg har besøkt sønnen min. England har alltid øvet en hvis tiltrekning på meg og jeg er alltid interessert i alle de historiske minnesmerkene som England har så mange av. Og i Midt-England er det mange steder og bygninger jeg vil se litt nærmere på.

Ekspeditøren: God reise, frue. Jeg håper den vil innfri alle Deres forventninger. Men ikke glem De skal gjennom tollen i England.

VOCABULARY

en nevø	nephew
en niese	niece
en avgang	departure
en spisevogn	dining car
en brosjyre	brochure
en naturseverdighet	natural sight

44

en konduktør	conductor
et lokomotiv	locomotive
en returbillett	return ticket
en lugar	cabin
en sjøluft	sea air
en sjøgang	heavy seas
en medpassasjer	fellow passenger
en tiltrekning	attraction
en englender	person from England
en forventning	expectation
et landskap	landscape, scenery
et minnesmerke	memorial, monument
en reiserute	travel route, itinerary
en rutetabell	route table, time table
en bygning	building
en toll	customs duty
en sky	cloud
en ekspeditør	salesman, ticket seller
å besøke	to visit
å overnatte	to stay overnight
å skryte, skrøt, har skrytt	to boast
å innfri	to meet, to fulfill
å merke seg	to notice
å nyte, nøt, har nytt	to enjoy
bekvem	comfortable
forekommende	obliging
blikkstille	very calm
istedenfor	instead of
herlig	magnificent, grand

EXERCISES

The following questions are to be answered by the student in Norwegian. Suggested answers are in the Appendix.

1. What two important sources of information about her forthcoming trip does Mrs. Eide request of the railway ticket-seller?
2. What does the ticket-seller tell her about the train?
3. Is Mrs. Eide pleased with the ticket-seller's explanations; what does she say to give that impression?
4. What does the ticket-seller tell her about the trip to Bergen?
5. How does Mrs. Eide plan to travel to and from England?
6. According to the ticket-seller, what are some of the benefits of a boat trip?
7. What things in England does Mrs. Eide find interesting?
8. Why will Mrs. Eide stop in Manchester?
9. How does the ticket-seller hope that the trip will affect Mrs. Eide?
10. What is Mrs. Eide forced to pass through in England and what does she do about it?

GRAMMAR AND USAGE

Possessive Pronouns

The possessive pronouns denote ownership of the objects to which they are attached:

min (my)	**vår** (our)
din (yours)	**Deres** (yours, formal)
hans (his)	**deres** (your, plural)
hennes (her)	**deres** (their)
dens, dets (its)	

The possessive pronouns *min, din* and *vår* agree in gender and number with the attached noun:

eg: (m) **min** kake   (f) **mitt** brød   (pl) **mine** biler
        my cake   *my bread*   *my cars*

       (m) **din** sønn   (f) **ditt** barn   (pl) **dine** foreldre
          your son   *your child*   *your parents*

       (m) **vår** sønn   (f) **vårt** barn   (pl) **våre** foreldre
          our son   *our child*   *our parents*

The other possessive pronouns remain unchanged regardless of the gender and number of the noun to which they are attached. They are:

deres	**hans**	**hennes**	**dets, dens**	**deres**
your/yours	*his*	*her/hers*	*its*	*their/theirs*

The reflexive possessive pronoun **sin** varies in gender like *min*, and used in the third person singular and plural it means his, hers, its, their and theirs:

eg: Han ga **sin** bok.   Hun mistet **sitt** gode rykte.
       He gave his book.   *She lost her good reputation.*

       Barna ønsket **sine** foreldre lykke til.
       The children wished their parents good luck.

Equivalents of the English possessive pronouns **mine, yours, his, hers, ours, theirs** do not exist in Norwegian. They are rendered by the possessive pronouns listed above.

eg: **Min** bil er penere enn **din.**   Min frakk kostet mer enn **din.**
     My car is more beautiful   *My coat has cost more than yours.*
     yours.

     Det huset på bildet er **vårt.**   Denne pennen er **hennes.**
     The house in the picture   *This pen is hers.*
     is ours.

Demonstrative Pronouns

Demonstrative pronouns are used to point out something [a noun]. The chief demonstrative pronouns are *den* (that, that one) and *denne* (this, this one) and *det* (that one) and *dette* (this one). They are inflected in gender and number.

	Common	Neuter	Plural
Nominative	den	det	de
Possessive	dens	dets	deres
Nominative	denne	dette	disse
Possessive	dennes	dettes	disses

Den (*det, de*) have the same form but take a heavier stress than the definite article, and denotes somebody or something some distance away. It is often followed by the adverb *der:*

example: Jeg liker ikke **den** gutten der.
I don't like that boy.

Denne, (dette, disse) is used to refer to persons or things in the close vicinity, and is often followed by the adverb *her*, with the succeeding noun appearing in the definite form:

example: Du burde kjøpe **denne** boken her.
You ought to buy this book [here].

Other demonstrative pronouns are *slik, slikt, slike*, meaning **such**. The nominative form remains the same in any part of a sentence.

Selv (-self) remains the same in gender and number:

example: Biskopen kom **selv**.
The bishop came himself.

If placed **before** the noun, selv adds an *e*, as in:

example: **Selve** biskopen kom hit.
The bishop himself came.

Begge is also a demonstrative pronoun; it usually means **either** or **both**:

example: Vi har peiser i **begge** husene.
We have fireplaces in both houses.

CHAPTER 5

Dinner on the Town

Dialogue 1

Mrs. Anne Helset, residing on a farm in a rural area north of Oslo, has come to town to spend a few days with her younger brother, Aslak Nannestad. One evening she suggests the following celebration.

Anne: Jeg har hørt at Oslo har så mange fine restauranter, med førsteklasses mat og prisene er stort sett ikke altfor høye. Ikke sant?

Aslak: Prisene varierer jo, det kommer an på om du velger en luksusrestaurant eller et vanlig og rimelig spisested.

Anne: Du har vært så vennlig å ha meg i kosten og også la meg overta gjesteværelset ditt, så jeg tror jeg vil riktig rive i, som man sier, et besøk på en av byens beste.

Aslak: Som du vil, kjære søster. Jeg vet om en som ikke bare er meget hyggelig men også luksuriøs, med en fransk kjøkkensjef. La oss gå med én gang, siden klokken allerede er seks.

Dialogue 2

Anne and Aslak arrive at a restaurant and are greeted by the head waiter.

Hovmesteren: God aften. Velkommen til Restaurant Biarritz. Vil dere kanskje først sitte en stund ved baren eller skal jeg skaffe Dem et bord med én gang?

Aslak: Jeg tror vi helst vil sitte ned ved et bord med én gang. Gjerne ved et bord ved vinduet og med utsikt over Karl Johan.

De blir eskortert til et bord ved et vindu, med snøhvit duk og meget komfortable stoler.

Aslak: La oss kikke på menyen og velge en rett som vil riktig smake. Jeg ser de har lammestek, samt kalvestek og biff og gås og mange andre velsmakende retter; de har også forskjellige fiskeretter, såsom ørret, laks og torsk. Med salat, suppe og forrett vil det bli en middag vi sent vil glemme. Ertesuppe er jo noe som jeg setter meget høyt, for ikke å snakke om de nydelige kransekakene de har.

Kelneren kommer over til deres bord og noterer bestillingen.

Kelneren: Skal det kanskje være noe å drikke til maten?

Aslak: Anne, hva synes du om et glass fransk rødvin? Den går jo godt med gås. (*Til kelneren*). En halv flaske fransk rødvin, takk.

Anne: Den vinen traff rett i blinken.

Kelneren kommer tilbake og tar deres bestilling for gås, og siden spør han hva slags dessert de foretrekker. De velger kransekake og kaffe.

Anne: Jeg bruker aldri sukker i kaffen, bare litt fløte.

Når de har spist og er gode og mette, sier Aslak til kelneren: "Regningen, takk." Etter å ha betalt tar de begge en liten spasertur på Karl Johan. Det er jo noe som skal være godt for fordøyelsen.

50

VOCABULARY

en luksusrestaurant	luxurious restaurant
et spisested	café, ordinary restaurant
et gjesteværelse	guest room
en kjøkkensjef	chef
en hovmester	head waiter
en meny	menu
en rett	course, dish
en livrett	favorite dish
en rødvin	red wine
en fløte	cream
en kost (*pronounced kawst*)	board and lodging
en regning	bill, check
en fordøyelse	digestion
en lammestek	leg of lamb
en kalvestek	veal roast
et oksekjøtt	beef
en laks	salmon
en ørret	trout
en torsk	cod
en forrett	appetizer,
en dessert	dessert
en kelner	waiter
et besøk	visit
et bord	table
et vindu	window
en duk	tablecloth
en suppe	soup
en ertesuppe	pea soup
en kransekake	almond ring cake
en bestilling	order
en gås	goose
en spasertur	walk
en stol	chair
en utsikt	view
å rive i	to treat

å komme an på	to depend on, to rely
å foretrekke	to prefer
å glemme	to forget
å kikke	to glance
å skaffe	to provide
å velge	to choose
å eskortere	to escort
Karl Johan	Karl Johan Street
snøvit	snow white
velsmakende	tasty
fransk	French
mett	satisfied, full
rett i blinken	exactly
rimelig	reasonable

EXERCISES

Please answer the following questions in Norwegian. Suggested answers appear in the Appendix.

1. Why does Anne want to treat Aslak to dinner in a high- class restaurant?
2. What type of restaurant does Aslak recommend?
3. What type of table does Aslak ask for and why?
4. What dish do they choose from the menu, and what are the available choices?
5. How does the headwaiter greet them?
6. What do they do after the meal, and why?
7. If there is no table ready immediately, what choice does the headwaiter offer?
8. What appetizer and dessert do they choose?
9. What does Anne add to her black coffee?
10. What is the last thing they attend to in the restaurant?

Adjectives

Adjectives are words used to describe a noun, In Norwegian, as in English, they generally precede the word which they modify:

example: stor ⇒ en **stor** gutt
a big boy

Not as commonly used, but still grammatically acceptable, the same meaning can be indicated by placing the adjective after the noun:

examples: byen er **stor**   huset er **stort**
the city is big   *the house is big*

Definite and Indefinite Forms

In the indefinite form, adjectives **do not** take an ending. However, they do agree with the noun's gender.

If attached to a singular **neuter** noun, a *t* is added. One would add an *e* if attached to a plural neuter noun:

examples: stor ⇒ Et stor**t** hus   stor**e** byer
a big house   *big cities*

The definite form of adjectives is always used after possessive pronouns:

examples: Min **gamle** far   din **nye** frakk
my old father   *your new overcoat*

The definite form does take the ending -*e:*

example: stor ⇒ Den stor**e** gutten
the big boy

Rules for Adjectives

In adjectives ending in a double consonant, only one consonant precedes the *t*, indicating neuter:

example: en **grønn** kjole   et **grønt** hus
a green dress   *a green house*

The following types of adjectives **do not** add *t* in the neuter form:

a) multisyllabic adjectives
example: et **historisk** hus
a historic house

b) adjectives ending in -*ig*:
example: et **fattig** land   et **vennlig** budskap
a poor country   *a friendly message*

c) adjectives indicating nationalities:
example: et **engelsk** frimerke   et **norsk** utseende
an English stamp   *a Norwegian look*

d) adjectives ending in -*d*:
example: glad   redd   fremme**d**
happy   *afraid*   *foreign*

e) monosyllabic adjectives ending in **a, o, u, y**:
example: bra   sky   tro
good   *shy*   *faithful*

NOTE: The neuters of **liten** (small) and **egen** (own) are **lite** and **eget**:

examples: en **liten** bil   et **lite** hus
a small car   *a small house*

min **egen** bok   mitt **eget** hus
my own book   *my own house*

Some adjectives ending in a vowel add no *e* in the plural:

examples: **blå** biler   **grå** hester
blue automobiles   *gray horses*

54

Comparative

Comparison of adjectives yields comparative or superlative forms, which in English have the suffixes -er (smaller) and -est (smallest) respectively. In Norwegian, the function remains the same as in English, but the endings are different.   They are compared by adding the ending **-ere** in the comparative and **-est** in the superlative:

eg: en **rik** mann ⇒ en rik**ere** mann ⇒ den rik**este** mannen
    a rich man   a richer man   the richest man

Some adjectives form the comparative and superlative by adding *-re* and *-est* but changing the stem vowel:

examples:	**lang**	⇒	**lengre**	⇒	**lengst**
	long	⇒	*longer*	⇒	*longest*
	stor	⇒	større	⇒	størst
	big	⇒	*bigger*	⇒	biggest
	ung	⇒	**yngre**	⇒	yngst
	young	⇒	*younger*	⇒	*youngest*

A number of irregular adjectives form their comparative and superlative forms by using a different stem from the positive:

examples: **gammel** ⇒ **eldre** ⇒ **eldst**
        old   older   oldest

god ⇒ bedre ⇒ best   **liten** ⇒ mindre ⇒ minst
good   better   best   little   smaller   smallest

> **NOTE:** *It will pay for the serious student to memorize lists of adjectives that change their stem vowels in both the comparative and superlative forms.*

CHAPTER 6

A Stay at a Farm

Dialogue 1

Egil and Olav are old school friends. Later in life, Olav inherits a farm and invites Egil to spend a few weeks as his guest.

Egil: Hvordan står det til med deg, Olav. Bra, håper jeg. Jeg må takke deg så meget for din invitasjon til å besøke deg på denne prektige gården. Den er så stor og flott at man med rette kan kalle deg en godseier.

Olav: Takk for komplimentet. Velkommen skal du være, og jeg håper at du vil nyte mange av landlivets gleder. Etter middag skal vi ta en tur rundt på gården og en del av det omliggende distriktet. Så reisen fra Oslo gikk bra? Var det ikke en gang en forsinkelse på veien opp?

Egil: Alt gikk bra; du vet de norske jernbanene holder fullt mål med lignende kommunikasjoner ute i Europa og i Amerika. Først har jeg et lite lommeur til deg som vil minne deg om alle de gangene vi kom for sent på folkeskolen og middelskolen.

Olav: Tusen takk skal du ha. Det vil jeg riktig sette pris på. Nå hører jeg forøvrig at middagen serveres.

Dialogue 2

After dinner they take a long walk to better acquaint Egil with the life of a Norwegian landowner and teach him some of the details of farming.

Olav: Jeg må tilstå at gården min er temmelig stor. Flere slags korn fra de flate markene du ser rundt oss i vid omkrets er nettopp innhøstet. Vi har havre, bygg, og rug men ingen hvete. Det skorter ikke på avveksling i kostholdet, men mesteparten av kornhøsten går direkte til oppkjøperen.

Egil: Jeg tror jeg vet hva den bygningen er. Men jeg vil høre det litt nøyere fra din egen munn. Det må være låven, ikke sant?

Olav: Vi bor j i våningshuset. Den store klumpen av en bygning du ser foran deg brukes mest som låve, for oppsamling og oppbevaring av korn og høy. Men låven har jo også plass til en stall for hestene våre og et fjøs for kyrne. Og på store gårder er man nødt til å ha både store ploger og såmaskiner samt innhøstningsmaskiner. Vi har fire hester, tyve kyr, tolv griser og både geiter og sauer. Og høns naturligvis. Og jeg må ikke forglemme at vi har en seter oppe i fjellene, som vi drar til hver sommer. Der har vi det strålende og alle dyrene liker seg spesielt godt der oppe; det kan jeg tydelig se på dem.

Egil: Jeg har jo forstått gjennom norsk litteratur at seterlivet er noe for seg selv.

Olav: Og alle maskinene vi bruker og bilen vår finnes i den lille bygningen du ser over der. Men det er én ting vi ikke har lenger og det er husmenn.

Egil: Mange takk for omvisningen. Norske bønder, eller som man nå kaller dem, gårdbrukere, has sannelig meget å stå i.

Olav: Jeg må tilstå at du har rett i det. Men nå skal vi spise litt aftensmat. Vi skal ha rømmegraut og gammelost, og jeg håper at de faller i din smak.

Egil: Det tror jeg sikkert. Og takk som byr.

en gård	farm
en godseier	landowner, homeowner
et landliv	country life
en forsinkelse	delay
et kompliment	compliment
(pron. komplimang)	
en glede	joy, pleasure
en middag	dinner
en tur	tour, walk
et distrikt	district
en jernbane	railroad
en kommunikasjon	communication
et lommeur	pocket watch
én gang	sometime, once
et korn	grain, corn
en mark	field
en havre	oats
en bygg	barley
en rug	rye
en hvete	wheat
en avveksling	change
et kosthold	fare, diet
en mestepart	majority
en bygning	building
en klump	cluster, lump
en låve	barn
en oppsamling	collection
en oppbevaring	storage
et høy	hay
en invitasjon	invitation
en ku, kyr	cow, cows
en plog	plow
et fjøs	cow barn
en stall	stable
en såmaskin	sowing machine

en innhøstningsmaskin	harvesting machine
en hest	horse
en omkrets	circumference
en gris	pig
en geit	goat
en sau	sheep
en høne *(pl. høns)*	chicken, poultry
en seter	summer farm
et fjell	mountain
en bil	car
en omvisning	conducted tour
en husmann	cotter, crofter
en gårdbruker	farmer
et våningshus	farmhouse
en aftensmat	supper
en rømmegraut	sour cream porridge
en gammelost	pungent cheese
en folkeskole	elementary school
en middelskole	high school
en kornhøst	grain harvest
å skorte på	to lack
å tilstå	to admit
å stå i	to be involved
prektig	magnificent
flott	luxurious
temmelig	quite
omliggende	surrounding
forøvrig	for the rest
lignende	similar
strålende	wonderful, marvelous
i din smak	according to your taste

EXERCISES

The following questions should be answered in Norwegian. For suggested answers, see the Appendix.

1. From what period in their lives do Egil and Olav know each other?
2. What is Olav's position in society and what does it entail?
3. Where will Olav take Egil sightseeing?
4. What did Egil give Olav and what is the reason for it?
5. What kind of grains are grown on Olav's farm?
6. What types of animals are kept on the farm, and for what are they used?
7. What are the various buildings on the farm and what are their purposes?
8. What is a summer farm called and what is its purpose?
9. What meals, in addition to breakfast (*frokost*), are served during the day?
10. What machines are used on the farm and for what purposes?

GRAMMAR AND USAGE

Adverbs

Adverbs are words used to modify a noun, verb, adjective or other adverb. They generally indicate time, place, degree, or manner. Unlike English, where most adverbs are easily recognized by their "ly" suffix, few Norwegian adverbs take an ending. The following are examples of the more commonly used adverbs:

nå	**alltid**	**siden**	**her**	**ut**	**hvor**
now	*always*	*since*	*here*	*out*	*where*

særdeles	**veldig**	**således**	**hvorledes**	**bare**
particularly	*enormously*	*thus*	*how*	*only*

In many instances an adjective may add *t* to become an adverb:

eg: han har en pen håndskrift   vi spaserte langt
     he has a nice handwriting   *we walked far*

     han skriver pent
     he writes nicely

Some adverbs denoting direction or motion toward a place take on the meaning of being in a place by adding an *e:*

eg: hun gikk **bort** ⇒ hun er **borte**
     she went away   *she is away*

     hun gikk **ut**   ⇒ hun gikk **ute**
     she went out   *she walked outdoors*

Adverbs having the same form as the neuter of adjectives have comparative and superlative forms similar to those adjectives:

examples: pent *(nicely)* ⇒ **pen**ere ⇒ **pen**est
         stygt *(badly)* ⇒ **stygg**ere ⇒ **stygg**est
         langt *(far)*   ⇒ **leng**er   ⇒ **leng**st

Adverbs are compared with **mer** and **mest** in cases where the corresponding adjectives are so compared:

eg: **glimrende** ⇒ **mer** glimrende ⇒ **mest** glimrende
     brilliantly   *more brilliantly*   *most brilliantly*

Some adverbs, not related to adjectives, may be compared as follows:

ofte *(often)*	⇒	oftere	⇒	oftest
gjerne *(willingly)*	⇒	heller	⇒	helst
vel / godt *(well)*	⇒	bedre	⇒	best

The adverb **meget** means both **very** and **much**. When used informally, meget becomes **mye** and means only **much**:

> *example:* Han er **meget** rikere enn meg.
>> *He is much richer than me.*

> Hun er **mye** penere enn meg.
>> *She is much nicer than me.*

Adverb Placement

In most cases, the placement of Norwegian adverbs resembles that of English. In principal clauses, it follows the verb:

> *example:* Gutten synger **godt**.
>> *The boy sings well.*

When modifying an adjective or a participle, it is placed **before** the adjective:

> *example:* en **kraftig** bygd gutt
>> *a strongly built boy*

An interrogative adverb also resembles its English equivalent. It is placed in front of both principal and subordinate clauses:

> *example:* **Hvor** gammel er din søster?
>> *How old is your sister?*

> Ingen vet **hvorledes** dette hendte.
>> *No one knows how this happened.*

In compound tenses and subordinate clauses, the adverb is placed after the past participle or the infinitive:

> *example:* Gutten har sunget **godt**.
>> *The boy has sung well.*

> Si meg om gutten kan synge **godt**.
>> *Tell me whether the boy can sing well.*

CHAPTER 7

A Shopping Expedition

Dialogue 1

Two young girls, Marie and Signy, meet at the store Steen & Strøm in Oslo. In this conversation, they discuss their shopping adventures.

Marie: Hyggelig at vi traff hverandre her, Signy. Denne forretningen er jo virkelig noe for oss, de ser ut til å ha litt av hvert og alt man trenger i dagliglivet. Så her er det ikke vanskelig å handle, men man blir jo fristet til å kjøpe ting som man ikke akkurat behøver.

Signy: Jeg syntes det var deg jeg fikk øye på da jeg kom ned rulletrappen. Ja, utvalget her er nesten enestående. Ekspeditørene er spesielt hjelpsomme her. Jeg var så heldig at jeg fant akkurat de to kjolene jeg hadde ønsket meg. Men hva har du kjøpt da, Marie?

Marie: Jeg har bestilt forskjellige ting til vårt hjem, som et nytt gulvteppe og en ny frakk til mannen min, så nå vil han ikke fryse når vinteren kommer. Han får også nye hansker og et varmt skjerf. Til meg selv har jeg kjøpt både sko og strømper samt et funn av et skjørt. Alt var ikke billig, men man får full verdi for pengene her.

Signy: Jeg var nettop innom en stor møbelforretning og bestilte et nytt spisebord med stoler, en sofa, og en dobbeltseng til soveværelset vårt. Et nytt kjøleskap til kjøkkenet sto også på min liste. Så pengene har fått ben å gå på.

Dialogue 2

The two young women continue their conversation in a café, discussing what they still need and want to buy.

Marie: Mannen min er så glad i god mat, så jeg må selvfølgelig innom en kolonialhandel og bestille både ost og smør, egg og pølse og sild i boks, og ikke å forglemme frukter fra Syden, både bananer og ferskener. Det er jo noe som smaker.

Signy: Ja, de har mange fristende ting i den kolonialhandelen tvers over gaten. Hjemme hos oss er vi alle glade i plommer og appelsiner og alle slags bær, både jordbær og tyttebær men kanskje helst bringebær. Joda, i den forretningen ser jeg bestandig all slags hermetikk i hyllene, og det er ofte vanskelig å bestemme seg. Men nå er jeg på vei til både et bakeri og en kjøtthandel. En tobakksbutikk må jeg også innom, for å kjøpe en pakke sigaretter og en avis til mannen min.

Marie: Nå har jeg nesten glemt at jeg må også kjøpe en del ting til barna mine. Gutten trenger nye skjorter, sko, og bukser. Han vokser jo so fort fra det han har. Og vår minste lille jente er jo fremdeles en baby og bruker bleier.

Signy: Ja, det er ikke alltid lett å være husmor og ha barn på samme tid. Hvis du har det som meg, er det en fire-og-tyve timers arbeidsdag.

VOCABULARY

en forretning	store
et dagligliv	daily life
en rulletrapp	escalator
et utvalg	selection
en ekspeditør	sales clerk
en kjole	dress

en sko	shoe
en strømpe	stocking
et skjørt	skirt
en frakk	overcoat
en hanske	glove
et skjerf	scarf
en møbelforretning	furniture store
et spisebord	dining room table
en stol	chair
en seng	bed
en dobbeltseng	double bed
et soveværelse	bedroom
en kolonialhandel	grocery store
en ost	cheese
en pølse	sausage
en hermetikk	canned food
en fersken	peach
en banan	banana
en plomme	plum
en appelsin	orange
et bær	berry
et jordbær	strawberry
et bringebær	raspberry
en hylle	shelf
et bakeri	bakery
en kjøtthandel	butcher shop
en tobakksbutik	tobacco shop
en avis	newspaper
et gulvteppe	carpet
et funn	find
et kjøkken	kitchen
en sild i boks	canned herring
en bleie	diaper
en husmor	housewife
et kjøleskap	refrigerator
en verdi	worth
en sigarett	cigarette

å treffe hverandre	to meet each other
å trenge	to need, to require
å behøve	to need, to want
å handle	to shop
å bestille	to order
å fryse	to freeze
å forglemme	to forget
å ønske seg	to wish for
virkelig	really
vanskelig	difficult
enestående	unique, exceptional
hjelpsom	helpful
billig	cheap
få ben å gå på	to disappear
selvfølgelig	of course
fristende	tempting
bestandig	always

EXERCISES

The following questions should be answered in Norwegian. For suggested answers see the Appendix.

1. Where do Marie and Signy meet and what do they do?
2. What is their opinion of the store and its sales clerks?
3. What has Marie ordered and/or purchased?
4. What has Signy ordered for her home?
5. What is Marie buying for her husband, and why?
6. What types of fruits and berries are popular in Signy's home?
7. What do Marie's children need?
8. Besides canned goods, Signy is interested in what foods?
9. Do you think Signy and Marie are good housewives, why?
10. Do the women's purchases indicate that they live well?

Imperative Verb Form

The imperative, or command, form is created by dropping the **e** of the infinitive form:

examples:

å komme *(to come)* ⇒ **kom**

å løpe *(to run)* ⇒ **løp**

If the infinitive does not end with an *e*, the imperative form will be the **same as the stem** of the word:

examples:

å gå *(to walk)* ⇒ **gå**

å stå *(to stand)* ⇒ **stå**

There are a number of verbs that change their main vowel when conjugated.

INFINITIVE	IMPERATIVE	PRESENT	PAST	PERFECT
å gjøre *(to do)*	gjør	gjør	gjorde	gjort
å telle *(to count)*	tell	teller	talte	talt
å selge *(to sell)*	selg	selger	solgte	solgt

Irregular (Strong) Verbs

Irregular verbs and their conjugations must be memorized. Following are a few:

INFINITIVE	PRESENT	PAST	PERFECT
å bli *to become*	blir	ble	blitt
å være *to be*	er	var	vært
å drikke *to drink*	drikker	drakk	drukket

å finne *to find*	finner	fant	funnet
å synge *to sing*	synger	sang	sunget
å fryse *to freeze*	fryser	frøs	frosset
å hjelpe *to help*	hjelper	hjalp	hjulpet

The Passive Voice

The passive voice is used when a verb (participle) expresses an action that affects the subject (noun) in such a way that the logical object becomes the grammatical subject. It is expressed in one of two ways. It can be expressed by adding an *-s* to the respective active form, while the present tense, however, drops the *-r*:

examples:

Veden skal **brennes**.
The firewood is to be burned.

Veden **brennes**.   Veden **brentes**.
The firewood is burned.   *The firewood was burned.*

The passive voice can also be expressed by using the auxiliary verb *bli* plus the past participle of the verb:

eg: Veden er **blitt** brent.   Veden var **blitt** brent.
The firewood has been   *The firewood had been*
burned.   *burned.*

CHAPTER 8

At Home

Dialogue

Gudrun and Asta have known each other since their schooldays. Asta has just married, but Gudrun was unable to attend the ceremony and festivities. Asta now tells her about her recent wedding and the new home she and her husband have bought near the center of Oslo.

Gudrun: Jeg satte stor pris på invitasjonen til bryllupet ditt og den fine middagen jeg hører dine foreldre ga for gamle og nye venner. Jeg gratulerer deg en gang til og ønsker deg all lykke i årene som kommer. Dere ble jo gift i Frogner Kirke, hvor jeg ble døpt; en veldig pen kirke, et det ikke? Og nå må du fortelle meg om det nye huset dere har kjøpt og som ligger ikke langt fra byens sentrum.

Asta: Takk skal du ha for både god ønsker og den stilige bryllupsgaven som har fått en æresplass i vårt hjem. Vi liker oss veldig godt i det huset. Vi har en liten have, hvor vi har frukttrær og mange forskjellige blomster, som for eksempel syrener, tulipaner, stedmorsblomster og asters. Huset har to etasjer med åtte værelser; et av dem er gjesteværelset, og til det er du alltid velkommen. Jeg kan ikke komme over kjøkkenet med alt det nydelige og helt moderne utstyret. Isskapet er nærmest kolossalt hvor all slags mat kan holde seg frisk og fersk i lange tider. Og den ny oppvaskmaskinen er noe som jeg ikke vil være foruten. Og mikrobølgeovnen, som står på kjøkkenbenken, gjør det mulig å få varm mat på ikke mye mer enn et øyeblikk. Alt dette gjør jammen en husmors tilværelse både lett og behagelig.

Gudrun: Jeg har hørt at huset har både skifertak og en flott fasade mot en pen og rolig gate. Interiøret må jo da være av samme høye klassse, er jeg sikker på.

Asta: Jo, vi er svært fornøyd med huset både på utsiden og innsiden. Vi har en pen entré og en stue som er meget større enn den jeg hadde i mitt gamle hjem. Og det har en virkelig peis, med en stor sofa med bord og lær lenestoler hvor flere gjester kan slå seg ned, og det står et fjernsynsapparat i et av hjørnene. Spisestuen er et kapittel for seg selv. Den har et stort spisebord av rosentre midt i rommet, med skap for glasstøy. Nå må du komme opp snart og se for deg selv.

Gudrun: Det skal jeg sandelig gjøre. Men jeg må høre om kjelleren. Det er jo mange nye hus uten kjeller.

Asta: Jo, vi har en stor kjeller med en deilig kjellerstue, som også brukes til oppbevaring, blant annet. Men jeg har jo nesten glemt å nevne soveværelsene i annen etasje, hvor det er rikelig med plass til barna og til gjester og vårt eget soveværelse hvor vi ofte legger oss tidlig. Vi har også et loft hvor vi kan oppbevare mange ting. Garasjen har plass til to biler, og det er mulig at vi skaffer oss en i tillegg til den vi har.

Gudrun: Men det som jeg skulle tro var mest iøynefallende må være den pene plenen jeg allerede har hørt om.

Asta: Den klipper vi selv, men med den nye gressklipperen går det fort unna. Men en gang i måneden må vi ut med avbetaling på boligbankens lån. Så livet er ikke utelukkende en dans på roser.

VOCABULARY

et bryllup	wedding
en middag	dinner
foreldre	parents
en kirke	church

72

et sentrum	center
et ønske	wish
en brullupsgave	wedding gift
en æresplass	place of honor
en have	garden
et frukttre *(pl. frukttrær)*	fruit tree
en blomst	flower
en syren	lilac
en tulipan	tulip
en asters	asters
en etasje	floor
et værelse	room
et gjesteværelse	guest room
et kjøkken	kitchen
et utstyr	equipment
en oppvaskmaskin	dishwasher
en mikrobølgeovn	microwave oven
en kjøkkenbenk	kitchen workbench
et øyeblikk	moment
et skifertak	slate roof
en fasade	front, façade
et interiør	interior
en utside	outside
en innside	inside
en entré	entrance hall
en stue	living room
en peis	fireplace
en lenestol	easy chair
et fjernsynsapparat	television set
et hjørne	corner
en tilværelse	life, existence
en spisestue	dining room
et kapittel	chapter
et spisebord	dining room table
et skap	cabinet
et glasstøy	glassware
en kjeller	basement, cellar

en oppbevaring	storage
en kjellerstue	basement rec room
et soveværelse	bedroom
en garasje	garage
en bil	car, automobile
en plen	lawn
en gressklipper	lawn mower
en avbetaling	installment payment
en boligbank	bank financing home buying
en dans	dance
en rose	rose
et loft	attic
et tillegg	addition
et lån	loan
å sette pris på	to appreciate
å gratulere	to congratulate
å ønske	to wish
å ligge	to lie
å døpe	to baptize
å legge	to lay
å skaffe	to provide, to secure
å legge seg	to go to bed
å invitere	to invite
å oppbevare	to keep
stilig	elegant, stylish
veldig	tremendously
forskjellig	different
utelukkende	exclusively
nydelig	lovely
kolossal	colossal
frisk	fresh
fersk	newly made
iøynefallende	conspicuous
jammen	indeed

EXERCISES

Please try to answer the following questions in Norwegian.
Suggested answers may be found in the Appendix.

1. What did Gudrun say when she met Asta?
2. What had happened to Asta since the last time they saw each other?
3. How does Asta describe her new house?
4. What are the different rooms called and what are their uses?
5. To what use have they put a part of the basement?
6. What is so nice about the garden?
7. What does Asta say about her attic?
8. What is the benefit of a fireplace?
9. Why is Asta unenthusiastic about a particular day each month?
10. What do the two young women say about the lawn in front of the house?

GRAMMAR AND USAGE

Conjunctions

Conjunctions are words that tie together two related nouns or clauses. In English there are two different types of conjunctions: coordinating and subordinating.

coordinating: We enjoyed wine **and** beer
subordinating: We talked **while** eating.

In Norwegian, the same two types of conjunctions exist and serve similar purposes to their English counterparts. The most commonly used Norwegian coordinating conjunctions are as follows:

både...og	**så vel...som**	**enten...eller**
both...and	*as well as*	*either...or*

verken...eller	for	eller	og
neither...nor	*for*	*or*	*and*

men	til
until	*but*

examples: Vi leser **både** bøker **og** tidsskrifter.
  *We read **both** books **and** periodicals.*

The subordinate conjunctions usually appear at the start of a subordinate sentence. Here are several different types:

A) Time:

da - *when*	så lenge som - *as long as*
når - *whenever*	mens - *while*
før - *before*	etter - *after*

eg: **Da** jeg var i Norge, besøkte jeg flere museer.
  When I was in Norway, I visited several museums.

B) Cause:

da - *as*	siden - *since*
ettersom - *as*	fordi - *because*

eg: **Siden** jeg var syk, kunne jeg ikke komme.
  Since I was sick, I couldn't come.

C) Condition:

hvis - *if*	om - *if*
dersom - *if*	såfremt - *provided that*

eg: **Hvis** jeg ikke er syk, kommer jeg.
  If I am not sick, I will come.

D) Concession:

skjønt - *although*	selv om - *even if*
om - *even if*	

eg: **Selv om** jeg er borte, vil du høre fra meg.
Even if I am away, you will hear from me.

E) **Purpose:**
    for at - *so that*

F) **Consequence:**
    så at - *so that*

G) **Comparison:**
    som/liksom - *as*   **jo...desto** - *the...the*
    likså...som - *so...as*

NOTE: In English, when the conjunction **and** combines two verbs in a sentence, the second verb may appear in the present participle. The same does not follow in Norwegian:
    examples: Han lå og **sov**.
    He lay sleeping.

A participial construction is often used in English when the Norwegian uses a subordinate clause:
example: **Da han hadde lest** boken, gikk han til sengs.
Having read the book, he went to bed.

A condition is often expressed by inverting the word order in the subordinate clause:
    eg: **Kan jeg** ikke komme, unngår jeg et godt selskap.
    If I cannot come, I lose out on a good party.

CHAPTER 9

Norwegian Museums

Dialogue

The attractions of Norway are not limited to its natural scenery. Many important museums illustrate the country's history, its fine and industrial arts, and numerous other aspects of life in the Scandinavian North. Two young men, living in Oslo, discuss — over a cup of coffee —the museums they have visited throughout Norway.

Reidar: Ja, nå har jeg inspisert så mange muséer at jeg føler som om jeg virkelig er en konservator. Jeg har jo i mange år vært en flittig gjest både på Historisk Museum og Nasjonalgalleriet her i Oslo som ikke ligger langt fra der jeg bor. I Historisk Museum er det Oldsaksamlingen som interesserer meg mest. Og med hensyn til kunst er jo Munch Museet og det såkalte Henie-Onstad Kunstsenter fullt på høyde med Europas beste. Hva synes du?

Helge: Jeg holder med deg i det. Men jeg har bestandig hatt kunstindustri som en av mine hovedinteresser, og jeg stikker ofte innom Kunstindustrimuséet for a finne ut mer eller bestyrke meg i mine meninger om flere faser av den industrien.

Reidar: Jeg har ofte tenkt å spørre deg om din mening om Hjemmefrontmuséet på Akershus.

Helge: Jeg synes at det gir en utførlig fremstilling av nordmenns kamp mot Nazistene og de mange beundringsverdige prestasjoner som ble utført av mange sivile og helt alminnelige mennesker som gjorde sitt til at tyskerne til slutt gikk nedenom og hjem.

Reidar: Det ville være kjekt om vi kunne si en del om muséer utenfor Oslo. De må jo ikke forbigås.

Helge: Jeg har bare vært der én gang men synes at Emigrant-muséet på Hamar har alle betingelser for å bli enestående i sitt slag. Det ble jo stiftet for bare få år siden og har vokset betraktelig siden da. Utvandringen fra Norge, mest til Amerika, er jo en viktig del av vår fortid, og danner et uforlignelig fundament for samhørigheten mellom vårt land og De Forente Stater.

Reidar: Så har vi et Emigrantarkiv i Stavanger, byen som sendte ut den første gruppen av utvandrere til Amerika i 1825. Det belyser grunnene til norsk utvandring gjenom en stor og voksende samling. Stavanger er også stolt av sitt maritime museum og det nye oljemuseet. Jeg har også hatt anledning til å besøke Tromsø Museum langt i nord, som gir et godt bilde av hvordan samefolket har levd og lever. Men jeg må ikke forglemme at Bergens berømte Hanseatisk Museum er helt unikt ved å vise hvordan de tyske handelsmenn som hadde slått seg ned i Bergen og andre nordeuropeiske byer, drev en utstrakt virksomhet på vegne av sitt hovedkontor i Lübeck i Nord-Tyskland.

Helge: Jeg har ikke hatt anledning til å sette Bergen på mitt reiseprogram men jeg har derimot sett på mange interessante ting i diverse bymuséer spredt over hele landet. Men her i byen har vi jo et stort utendørsmuseum, nemlig Vigelandparken, med statuer av Gustav Vigeland. Og ute på Bygdøy har vi vikingskipene i eget hus samt Roald Amundsens *Fram* og Thor Heyerdahl's *Kon-Tiki*. De er uten like og må beses av alle tilreisende. Det er litt av en opplevelse!

VOCABULARY

et museum *(pl. muséer)*	museum, museums
en konservator	curator
Historisk Museum	Historical Museum

Nasjonalgalleriet	The National Gallery
Oldsaksamlingen	Collection of Antiquities
en kunstindustri	applied art
Kunstindustrimuséet	the Museum of Applied Art
en fase	phase, stage
Hjemmefrontmuséet	The Home Front Museum
en fremstilling	representation
en prestasjon	achievement
en betingelse	condition
et slag	kind, type
en fortid	past
et fundament	foundation
en samhørighet	solidarity
Emigrantmuséet	The Emigration Museum
en utvandrer	emigrant
en utvandring	emigration
et oljemuseum	oil museum
et samefolk	Lapp people
Hanseatisk Museum	Hanseatic Museum
en handelsmann	tradesperson
en virksomhet	activity
et arkiv	archive
en gruppe	group
et hovedsete	main office, headquarters
et reiseprogram	itinerary
et utendørsmuseum	outdoor museum
en tilreisende	visitor
en opplevelse	experience
en hovedinteresse	main interest
å inspisere	to inspect
å bestyrke	to strengthen
å bese	to view
å utføre	to carry out, execute
å forbigå	to pass over, leave out
å stifte	to found
å slå seg ned	to settle down
å belyse	to illuminate

å holde med	to agree
å stikke innom	to visit
å finne ut	to find out, to uncover
virkelig	really
flittig	diligent
med hensyn til	as regards
fullt på høyde med	on the level with
bestandig	always
utførlig	detailed
beundringsverdig	admirable
nedenom og hjem	down and out
kjekt	good, nice
betraktelig	considerably
uforlignelig	incomparable
utstrakt	extensive
på vegne av	on behalf of
diverse	various

EXERCISES

Please try to answer the following ten questions in Norwegian. For suggested answers, see the Appendix.

1. Please define the term curator.
2. What is of special interest at the Historical Museum?
3. Name the three museums in or near Oslo that are devoted to art.
4. What is the Home Front Museum and where is it located?
5. Where can one learn more about Norwegian emigration to the United States?
6. Who are the Samis?
7. What was the Hansa?
8. What kind of collections do the city museums contain?
9. Describe the outdoor museum in Oslo.

10. Of what do the names Roald Amundsen and Thor Heyerdahl make you think?

GRAMMAR AND USAGE

Participles of Verbs

Norwegian verbs have two participles: the present and the past. The present participle denotes an ongoing activity, acting as the equivalent of the English *-ing*. It is formed by adding *-nde* to the infinitive:

examples: å være ⇒ være**nde**   å lese ⇒   lese**nde**
          to be   *being*   *to read*   *reading*

The present participle, when placed **before** a noun is most often used as an adjective or adverb:

eg: **lese** ⇒ En **lesende** professor   **stråle** ⇒ en **strålende** stjerne
      A reading professor   *A shining star*

In spoken language, the idea behind a present participle is usually expressed through the use of a conjunction and a relative clause:

examples: Mannen **som reiste**, kom **endelig hjem.**
            The man who was traveling came home at last.

> NOTE: The present participle is very often
> used with the conjugated form of the verb **komme**:
>
> *eg:* **reise** ⇒ Han **kom** reisende til Stavanger.
>   *On his trip he arrived in Stavanger.*
>
>   **le**   ⇒ Hun **kom** leende imot ham.
>   *She was laughing when she met him.*

The past participle, which denotes **past** action, is used to form the perfect and pluperfect tenses of verbs. On its own, it plays the role of adjective or adverb. Furthermore, a past participle may follow the auxiliary verb **bli**:

eg: **male** ⇒ et **malt** bilde   bildet var **blitt malt**
          a painted picture   *the picture had been*
                                    painted

As is the case with the present participle, it is often expressed by a relative clause. Take the following as an example:

     male ⇒ **bildet som var blitt malt**
           the picture that had been painted

     lese ⇒ **boken som allerede var blitt lest**
           the book that had already been read

Lists of the past participles of irregular verbs are quite extensive and ought to be memorized. A list of conjugated irregular verbs is located in the Appendix at the end of this book.

CHAPTER 10

The History of Norway

Dialogue 1

Norway has a long and fascinating history. In the following conversation we quote a history teacher, Mr. Erik Lange-Nielsen, who gave the following speech at the opening session of his history class. Else Johnsen, one of his pupils, voices a number of her thoughts on the subject.

Lange-Nielsen: Vi skal nå se litt nærmere på Norges lange historie fra Middelalderen helt ned til tiden idag. Den første nevneverdige perioden er vikingtiden, da store deler av landet var allerede bebodd av germanske innflyttere og deres etterkommere. Det var kjent blant dem at landene mot syd, Mellomeuropa, England og Middelhavslandene, var rikere enn deres eget land, og fristelsen var stor for å bruke deres hurtige seilskip og reise på tokt sørover, for å handle men også desverre for å røve og ta det de ville ha med makt.

Else Johnsen: Det er jo ganske uhørt at kristne folk oppførte seg slik.

Lange-Nielsen: Nei, vi må jo huske på at i hele den lange såkalte vikingtiden, ca. 790 - 900 e. Kr., var de nordiske folk hedninger og trodde på slike guder som Odin, Thor, og Freya. Det var først senere, rundt år 1000, at Norge ble kristnet av Olav Tryggvason og Olav Haraldsson (St. Olav). Vikingtiden er ikke en meget pen periode i vårt folks liv, men et av resultatene var at meget av sydlandenes kultur ble innført i Norden. Vikingene dro på tokt til England og Irland, hvor de var grunnleggere av Dublin, samt til Frankrike, og enda lenger syd. Den eldste beretning om vikingers maktutfoldelse var overfallet på Lindisfarne i England i 793. De satte seg fast i de skotske øyene. Det må tilføyes at norske sjømenn, som neppe kan kalles vikinger, oppdaget og dro til

Færøyene og Island, samt Grønland og i år 1007 rakk frem til det nordamerikanske kontinent.

Else Johnsen: Hvordan vet vi at de virkelig kom helt til Amerika?

Lange-Nielsen: Det er jo ikke mange år siden at spor etter gamle hus og bygninger fra den perioden ble funnet ved L'Anse aux Meadows i Newfoundland. Så vikingtiden var en periode med stor ekspansjon og ga en sterk impuls til handel og til sist fredelig samkvem mellom ikke bare Norge men også Sverige og Danmark, som jo i mange år regjerte store deler av England. Det er også interessant å nevne at i de århundrene hadde frie menn rett til å bli medlemmer av de såkalte *thing* og ta del i styrelsen av både distrikt og land.

Dialogue 2

Lange-Nielsen: Vi må se litt på Norges historie i moderne tid, og gå helt tilbake til Reformasjonen. Ikke lenge etter vikingtiden organiserte slike konger som Sverre, Håkon Håkonsson, og Magnus Lagabøter en effektiv administrasjon og gjorde landet til litt av en stormakt i Norden. Men i 1319 døde det gamle kongehuset ut, og Norge ble sluttet sammen med de to andre skandinaviske land gjennom dynastiske forbindelser. Margrethe (1375-1412) var dronning i Norge, Sverige og Danmark i den såkalte Kalmar-unionen, som først ble oppløst i 1521. Unionen mellom Norge og Danmark varte helt ned til 1814. Kongen og hans ministre regjerte begge landene fra København, og Norge var til sine tider ikke mer enn et lydrike.

Else Johnsen: Men på 1500-talet ble Luthers lære, protestantismen, innført i Norden. Hva var beveggrunnen for det?

Lange-Nielsen: I Norge og Danmark ble Luthers lære innført av kongemakten. Først og fremst av Kong Christian III, som i 1536 antok Luthers lære som den offisielle i Danmark og Norge. De følgende århundrer kan sies å ha vært en tid i fremgang, spesielt etter at Kong Frederik III ble tildelt eneveldig makt.

Else Johnsen: Forstår jeg det slik at eneveldig makt er det samme som når en diktator sitter i sadelen?

Lange-Nielsen: Det er ikke stor forskjell men i Norge og Danmark på den tid oppnådde de ikke-adelige, ved Kongeloven av 1665, likestilling med de adelige med rett til å oppnå stillinger i administrasjonen som før var forbeholdt den gamle adelen. På Napoleonstiden kom Danmark-Norge i krig med England, og i den såkalte Kiel-traktaten måtte Danmark gi Norge over til Sverige. I mellomtiden hadde Norge gitt seg selv en ny grunnlov og erklært seg som et uavhengig land. Men forholdene ledet til en forening med Sverige i 1814 mellom to likestillede land, hvori Norge beholdt sin grunnlov og sitt nye parlament (Storting). Foreningen med Sverige varte inntil 1905, da de to landene skiltes i fred. Prins Carl av Danmark ble konge av Norge under navnet Haakon VII. Tiden siden 1905 ble kjent for sine stor fremskritt på mange områder. Under den Første Verdenskrig (1914-1918) forble Norge et nøytralt land og alt gikk mer eller mindre fremover inntil 1940. Det var det skjebnefulle år da Hitler og hans Nazister brøt inn i både Danmark og Norge.

Else Johnsen: Det må ha vært en fryktelig tid. Hvordan klarte Norge seg under den tyske okkupasjonen?

Lange-Nielsen: Som dere sikkert vet, motsto Norge angrepet i førstningen men måtte gi opp etter to måneders krig. Norge kom under tysk administrasjon med den beryktete Vidkunn Quisling og hans parti, Nasjonal Samling. Men de neste årene ble kjent for den store motstandsbevegelsen i Norge, og Norge ble en av de allierte makter som i 1945 dro seieren i land. Av de kjente nordmenn fra vår tid må vi vel først nevne Trygve Lie som var generalsekretær i De Forente Nasjoner i mange år. Og som dere vet, feiret vi i 1995 femtiårsdagen for de alliertes seier, og resten av historien kjenner dere nok.

Else Johnsen: Jo, jeg vet at etterkrigstiden har vært en periode uten sammenligning i Norgeshistorien. Jeg er glad for at freden har

87

hersket i så mange år og at vi nordmenn kan samle oss om dagens problemer, og løse dem på vår egen måte. Og så må vi takke Dem, hr. Lange-Nielsen, for en så konsis og fullstendig skisse av vårt lands historie både i eldre og nyere tid.

VOCABULARY

en innflytter	immigrant
en etterkommer	descendant
en fristelse	temptation
et seilskip	sailing vessel
et tokt	voyage, cruise
en makt	power, force
en kristen	Christian
en hedning	heathen, pagan
en grunnlegger	founder
en beretning	account
et overfall	assault, attack
et spor	trace
en impuls	impulse
en maktutfoldelse	display of power
et samkvem	contact
en styrelse	act of governing
Reformasjonen	the Reformation
en administrasjon	administration
en stormakt	great power
et kongehus	royal line, dynasty
en dronning	queen
en forbindelse	link, tie
en lære	doctrine, teaching
en beveggrunn	motive, incentive
en kongemakt	royal power
en femtiårsdag	fiftieth anniversary
Kongeloven	the Royal Law
et lydrike	dependent realm

et århundre	century
en diktator	dictator
en sadel	saddle
en forskjell	difference
en ikke-adelig	non-noble
en stilling	position
en grunnlov	constitution
et forhold	circumstance, situation
en forening	union
et fremskritt	advance, step forward
et område	area
et angrep	attack
en motstandsbevegelse	resistance movement
en seier	victory
en etterkrigstid	postwar period
en okkupasjon	occupation
en generalsekretær	secretary-general
en sammenligning	comparison
en skisse	sketch, outline
å bebo	to occupy, to dwell in
å røve	to rob, to plunder
å oppføre seg	to behave
å huske	to remember
å tro på	to believe in
å kristne	to christianize
å tilføye	to add
å oppdage	to discover
å dra, dro, dratt	to travel
å forbeholde	to reserve
å rekke frem	to reach
å organisere	to organize
å dø ut	to die out, expire
å slutte sammen	to join
å vare	to last
å regjere	to govern
å innføre	to introduce, to bring in
å ta, tok, tatt	to accept, to adopt

å tildele	to assign, to award
å oppnå	to attain, to gain
å lede til	to lead to
å skille	to part
å motstå	to resist
å bryte inn i	to enter by force
å klare seg	to manage
å erklære	to declare
å herske	to reign
å løse	to solve
å feire	to celebrate
nevneverdig	noteworthy
germansk	Germanic, Teutonic
eneveldig	absolute, autocratic
uavhengig	independent
likestillet	equal
nøytral	neutral
skjebnefull	fateful
fryktelig	terrible
beryktet	disreputable, notorious
i førstningen	initially

EXERCISES

Please answer the following questions in Norwegian. Suggested answers will be found in the Appendix.

1. Which European countries received unwelcome visits by Norwegian Vikings and how did they react?
2. Were there any positive results from the Viking voyages, in Scandinavia?
3. Where in America do we find remains from the Viking voyages?

4. Which kings introduced Christianity into Norway? When?
5. What was the Kalmar Union and what did it signify?
6. What was the Reformation? Who introduced it into Denmark and Norway? When?
7. How does the exercise of the royal powers of the seventeenth century in Denmark and Norway differ from its exercise today?
8. What international events led to the separation of Denmark and Norway? When? What happened next?
9. What legislation was passed to make Norway a fully democratic state. When?
10. In which way was Norway's experience during World War I different from that of World War II?

GRAMMAR AND USAGE

Indefinite Articles

The Norwegian indefinite articles, **en** (common gender), **et** (neutral gender) and **ei** (feminine gender), play generally the same role as they do in English.

If a descriptive noun characterizes the subject, the indefinite article is included:

eg: Han er **en** skurk.   Mannen er **en** muhammedaner.
        He is a scoundrel.   *The man is a Mohammedan.*

If an adjective is added, the indefinite article is also added:

eg: Min fetter er en **flink** redaktør.
        My cousin is an able editor.

They are, however, **left out** in sentences dealing with a person's occupation, nationality, age, rank, and religion:

examples: Min bror er **løytnant** i hæren.
              My brother is a lieutenant in the army.

Min fetter er **redaktør** i avisen.
My cousin is an editor for the newspaper.

Min far er **katolikk.**
My father is Catholic.

Definite Articles

The definite articles added to the stem of the nouns, are:

	Singular	Plural
Masculine	**en / n**	**ene / ne**
Neuter	**et/ t**	**ene / ne**
Feminine	**a**	**ene / ne**

The Norwegian article is used in many instances where in English it would be deleted. The following explanations and examples illustrate the cases where the use of a Norwegian definite article is **necessary.**

a) In **abstract nouns** used in a general sense:
   eg: Kunst**en** er lang, men liv**et** er kort.
   Art is long but life is short.

b) **Seasons** take the definite article:
   eg: **Sommeren** er vakker i Danmark.
   Summer is beautiful in Denmark

c) When referring to **time** and **quantity**:
   eg: Han er borte to uker i **måneden.**
   He is away two weeks every month.

   Han betaler to kroner **timen.**
   He pays two crowns per hour.

d)   When a possessive pronoun follows the noun:
     eg: Faren hans   byen vår
         his father   *our town*

       NOTE: The definite article is **not used** following a genitive:
       eg: Vårt firmas administrasjon
         Our firm's administration

CHAPTER 11

Nationalities and Races

Lecture

The following are excerpts of a talk given by a teacher in Holmestrand to an audience of young students, a talk which dealt with the world's many races and nationalities.

Læreren: . . .Det var hyggelig å få anledning til å si noe om hva vi har før nevnt i klasseværelset, om et av vår tids store stridsspørsmal, nemlig raser og nasjonaliteter blandt jordens folk. I gamle dager snakket man om den hvite, den røde og gule samt svarte rasen, men de er i dag meget uvitenskapelige uttrykk. Det er riktignok flere raser, men vi må ikke inndele dem utelukkende etter hudfargen. De såkalte gule, eller mongolske, raser skiller seg ikke stort fra de hvite hva hudfargen angår. De svarte, eller negroide, har en mørk hudfarge, men det er mange avskygninger. Idag regner man med tre hovedgrupper, den mongolske, den negroide, og den hvite kaukasiske gruppen. Den mongolske rasen er representert av befolkningen i Kina, Japan, Korea, og Grønland samt de nord- og sydamerikanske indianerne. Den negroide rasen er jo best representert i store deler av Afrika, men av historiske grunner er den representert i de amerikansk kontinenter og på de karibiske øyene. De forskjellige rasene kan også klassifiseres gjennom genene i tillegg til deres hyppighet og de forskjellige blodgrupper. Fysiske kjennetegn, som en bred ansiktsform eller den mongolske rasens hudfold som dekker en del av det innerste øyet, er også brukt som basis for klassifikasjon.

Det er interessant å nevne at her i Skandinavia har vi ikke bare folk of kaukasisk herkomst men også en folkegruppe av mongoloid ætt. Jeg henviser til de såkalte samene som bor i det nordlige Norge, Sverige og Finland. Mange av dem har levd, og lever, et nomadisk liv basert på reinhold. Fler og fler blir nå fastboende, og de har en meget interessant kultur.

Med hensyn til nasjonalitet er saken litt annerledes. Det er et ord og et begrep som henleder oppmerksomheten på en folkegruppe av mer eller mindre samme rase som lever innen et bestemt område, har en felles historie, og ser på seg selv som en gruppe som skiller seg ut fra andre, ikke bare nå men ofte langt tilbake i tiden. Det er for eksempel lett å forstå at en stat som Østerrike-Ungarn brøt opp etter Første Verdenskrig siden så mange forskjellige nasjonaliteter innen staten ønsket å gå sin egen vei og danne sin egen stat. I Europa idag er det mange land som i store trekk innbefatter en spesiell "nasjon," en folkegruppe som insisterer på å ha sin egen stat og styre. Europa idag har jo mange land hvis befolkning uten vanskelighet kan kalles nasjoner, som for eksempel, Norge, Sverige, Danmark, England, Frankrike, Italia, Tyskland, Polen, Grekenland (Hellas), osv. På den andre siden er jo grensene mellom nasjonene meget flytende, og det er ofte flere minoriteter fra en eller flere nasjoner innen en annen nasjon eller stat.

"Nasjonalistisk" er ofte betegnelsen for en folkegruppe som setter nasjonens styrke og selvhevdelse som et høyeste mål for politisk virksomhet. Det kan kanskje sies at nasjonalismen er for nedadgående i mange deler av Europa og ellers i verden. Den Europeiske Union er vel kanskje et tegn på at nasjonalismen ikke tar så stor plass lenger i folks verdensbilde som før og at vi er på vei til "en verden."

VOCABULARY

en anledning	opportunity
et klasseværelse	classroom
en klassifikasjon	classification
et stridsspørsmål	controversial question
en nasjonalitet	nationality
en hudfarge	skin color
et uttrykk	expression
en avskygning	shade
en hovedgruppe	main, parent group
en befolkning	population
en gen	gene
en blodgruppe	blood type
et kjennetegn	distinguishing mark

en ansiktsform	facial shape
en hudfold	skin fold
en herkomst	descent
en ætt	family, race
en same	Sami, Lapp
et reinhold	keeping of reindeer
en oppmerksomhet	attention
Østerrike-Ungarn	Austria-Hungary
en grense	border, boundary
en minoritet	minority
en styrke	strength
en selvhevdelse	self-assertion
et mål	goal
en virksomhet	activity
et verdensbilde	view of the world
å snakke om	to discuss
å skille seg ut	to differ
å forstå	to understand
å bryte, brøt, brutt	to break
å flyte, fløt, flytt	to flow
hvit	white
rød	red
gul	yellow
svart, sort	black
mongolsk	Mongol, Mongolian
negroid	Negroid
kaukasisk	Caucasian
karibisk	Caribbean
nordlig	northern
nomadisk	nomadic
fastboende	permanent resident
annerledes	different
hyggelig	pleasant
bestemt	certain
nasjonalistisk	nationalistic
nedadgående	declining

EXERCISES

The following questions are to be answered with complete sentences in Norwegian. For suggested answers, see the Appendix.

1. Approximately, how many races make up the world's population?
2. What are they called, and where do they live?
3. How are the human races classified by modern scientists?
4. Which group within the population of Scandinavia is not of Caucasian background? What do they mostly do for a living? Where do they live?
5. Discuss the concept of nationalism.
6. Which countries in Europe are national states?
7. Is exaggerated nationalism a good or a bad thing, and why?
8. What are some of the physical characteristics of the Mongolian race?
9. Why did Austria-Hungary break up following the First World War?
10. Do you think that minorities within a nation are negative elements?

GRAMMAR AND USAGE

Expressions of Time

In Norwegian, time and its duration are indicated through the use of the prepositions **i** or **på**:

examples:	**i** en time	ikke **på** en time
	for an hour	***not** for/in an hour*
	i en måned	ikke **på** fire uker
	for a month	***not** for/in four weeks*

The **past** is indicated by **for -- siden**:

examples: **for** en uke **siden**   **for** seks år **siden**
              a week ago   *six years ago*

The preposition **om** is used to indicate a time or period during which something habitually occurs:

eg: **om** morgenenen   **om** aftenen   **om** vinteren
    in the morning   *in the evening* *in winter*

The preposition **om** is also used to indicate a **definite** time period at the end of which something is going to occur:

eg: **om** en time   **om** to dager
    in an hour   *in two days*

Common expressions of **present** or **recent past**

i dag	today	**i år**	this year
i morgen	tomorrow	**i vinter**	this past winter
i natt	last night	**i fjor**	last year
i går	yesterday		
i overmorgen	the day after tomorrow		
i forfjor	the year before last		

Time Of Day

2:00	**klokken er to**	*it is two o'clock*
2:05	**klokken er fem minutter over to**	*it is five minutes past two*
2:15	**klokken er et kvarter over to**	*it is a quarter past two*
2:20	**klokken er ti på halv tre**	*the time is twenty minutes past two*
2:30	**klokken er halv tre**	*it is half past two*

99

2:40	klokken er ti over halv tre	*the time is twenty minutes to three*
2:45	klokken er kvart på tre	*the time is a quarter to three*
2:50	klokken er ti på tre	*the time is ten minutes to three*

NOTE: Norwegians almost uniformly use the 24-hour, or military, clock for indicating the time of day and night.

CHAPTER 12

The Universities

Dialogue

Nils Eriksen and Anne-Marie Dypdahl are students at the University of Oslo. They often get together and discuss their studies and daily lives at the university over lunch. Here, we listen in on part of their conversation.

Nils Eriksen: Du, Anne-Marie, jeg har ikke hørt på over en måneds tid hvordan det går med studiene dine. Klarte du deg bra i den siste eksamenen du hadde?

Anne-Marie Dypdahl: Ja, det kan du tro. Alle mine siste eksamener gikk bra, men så har jeg også holdt meg unna alt som ikke har med bøkene å gjøre. Men du da, Nils?

Nils: Jeg ble litt overrasket da den siste prøven syntes å være i det letteste laget. Så nå fortsetter jeg i den samme tralten. Men ikke for det, jeg liker meg veldig godt her oppe på Blindern, og jeg får tid til å drive litt sport og idrett, som golf og fotball. Jeg er ikke lite stolt av å bli bedt om å spille på et av de kjente fotballagene nede i byen. Men med hensyn til det universitetet vi studerer ved, kan man si at det er det beste i landet, og det er ikke lite. De forskjellige fakulteter gir undervisning i de fleste vitenskaper og studier. Det er jo også universiteter i andre norske byer, både i Bergen og i Tromsø, men de som studerer her er også midt oppe i landets kulturliv. Og det må man ta i betraktning. Men si meg hvilke fag kommer du til å konsentrere deg om i de neste par år?

Anne-Marie: Jeg hadde jo tenkt å bli lærerinne, men nå helder jeg til en karriere i et av de vitenskapelige instituttene. Jeg tror jeg helst vil bli språkforsker, og må jo da en god tid fremover studere både linguistikk og flere forskjellige språk, som for eksempel, engelsk, tysk, fransk, og spansk. Det blir et langt lerret å bleke, men jeg ser frem til det med stor forventning.

Nils: Det høres bra ut. Jeg hadde jo planlagt å bli ingeniør og ventet i sin tid å sette kursen mot Trondheim og hadde allerede skrevet til Den Tekniske Høyskolen der oppe. Men av forskjellige grunner ombestemte jeg meg til å se nærmere på en mulig karriere som geofysiker, og vil da om ikke lenge søke om å bli opptatt ved Geofysisk Institutt i Bergen. Når det kommer til stykket, synes jeg vi nordmenn kan være stolte av det faktum at man kan studere alt i Norge som jo har en liten befolkning sammenlignet med de fleste andre land. Her kan man få en utdannelse i hva det enn kan være, fra prest og lærer til kjemiker, fysiker, ingeniør, astronom, sjøoffiser, radiolog, og ikke bare det, man kan gå på en kunstskole eller en teaterskole, så rekken er endeløs.

Anne-Marie: Ja, det kan vi sette en stor strek under. Vi må ikke glemme den skolen som jo er knyttet til Universitetet her oppe på Blindern, som heter Den Internasjonale Sommerskolen, som har opprettet et årlig studium for utenlandske studenter som i seks-åtte uker lærer en masse om Norge og tar mange spesielle fag. Sommerskolen er veldig populær, og mange amerikanere drar fordel av tilbudet. Jeg for min del har en kusine fra Amerika som studerer her i år. Hun trives over alle grenser og er så glad hun kom. Gjennom henne er jeg blitt kjent med mange av de tilreisende studenter, og jeg må si de er alle kjekke gutter og jenter.

Nils: Jeg håper du ikke faller for en av guttene, blir gift og kanskje forlater landet for alltid.

Anne-Marie: Nei, jeg tar ikke tingene så alvorlig. Jeg blir nok gammel og grå i Norge. Ha det!

VOCABULARY

et studium, studiet	study, course
en eksamen	exam, test
et lag	team
en tralt	routine
en idrett	sport
fotball	soccer
et fakultet	faculty
en undervisning	education, instruction
en vitenskap	science
et kulturliv	cultural life
en betraktning	consideration
et fag	subject for study
en lærerinne	teacher (female)
en karriere	career
et institutt	institute
en språkforsker	linguist, philologist
en linguistikk	linguistics
et språk	language
et lerret	canvas
en forventning	anticipation
en ingeniør	engineer
et kurs	course
Den Tekniske Høyskolen	The Technical University
en geofysiker	geophysicist
Geofysisk Institutt	Geophysical Institute
et faktum	fact
en befolkning	population
en utdannelse	training, education
en prest	minister, pastor
en lærer	teacher (male)
en kjemiker	chemist
en fysiker	physicist
en astronom	astronomer
en sjøoffiser	marine officer

en radiolog	radiologist
en kunstskole	art school
en teaterskole	theater school
en rekke	row
en strek	line
en sommerskole	summer school
en fordel	advantage
et tilbud	offer
en kusine	cousin (female)
et langt lerret å bleke	almost endless task
å klare	to manage
å holde seg unna	to keep away from
å fortsette	to continue
å like seg	to like
å drive	to participate
å konsentrere	to concentrate
å helde til	to prefer
å bleke	to bleach
å falle for	to fall for
å forlate	to leave
å tenke	to think
å ombestemme seg	to change one's opinion
å søke	to apply
å glemme	to forget
å knytte til	to attach, join
å opprette	to establish
å trives	to thrive
å bli gift	to marry
å forlate	to leave
å komme til stykket	when all is said and done
å sette en strek under	to emphasize
alvorlig	seriously
for alltid	forever
holde seg unna	keep away from
overrasket	to be surprised
lett	easy
in sin tid	at one time

stolt	proud
gammel og grå	old and gray
ha det! *(friendly leavetaking)*	be good!
for min del	for my part
engelsk	English
tysk	German
fransk	French
spansk	Spanish

EXERCISES

The following English questions should be answered with complete Norwegian sentences. For suggested answers, see the Appendix.

1. What did Nils ask Anne-Marie? What was her reply?
2. Where does Nils go to school? How does he feel about it?
3. Does Nils do anything besides studying?
4. What alternative has Anne-Marie considered as her career?
5. Where had Nils thought about continuing his studies? What are his plans now?
6. What is noteworthy about the Oslo University Summer School? Why is it so popular among foreign students?
7. Where is the Geophysical Institute and what does it teach?
8. Can you mention some of the subjects you can study at the University of Oslo?
9. Why are Norwegians proud of the University of Oslo and its various offerings?
10. Discuss your opinion about the educational offerings in Norway?

Prepositions

Most of the Norwegian prepositions appear to be similar, or in some cases identical, to their English equivalents. However, the meanings somewhat diverge in the two languages.

The following pages list a number of the most commonly used Norwegian prepositions, and their English meanings.

Av	of, by, for, from	*En **av** mine venner* *Hun smilte **av** glede*
Bak	behind	
Blant	among	
Bortenfor	beyond	
Etter	after, for	*Jeg leter **etter** min stav*
For	for	*Jeg gjorde det **for** ham*
Foran	in front of	
Fra	from	
Før	before, until	***Før** katastrofen. Han kom* *ikke **før** slutten av januar*
Gjennom/ Igjennom	through	
Hos	at, with	*Han bodde **hos** sin datter* *Hun har vært **hos*** *skredderen*
I	in, during, at (when used with geographical terms)	*i Oslo* *i mange år.* *i de første dagene var* *han syk*

Innen	within, by	*Innen klokken fire*
		Jeg kommer innen et år
Med	with, by	*Han gikk med meg*
		Jeg reiste med trikken
Mot, Imot	against , towards, to	*Daniel kjempet mot løven*
		Leiv seilte mot ukjent land
		Han er snill mot henne
Om	about, in, at, on, (in	*Jeg har ikke hørt om ham*
	reference to time periods)	*Om dagen; om aftenenen;*
		om natten; om sommeren
Over	over, above, via, of	*Han fløy over Sydpolen*
		Han kjørte over Eidsvoll
		Et kart over Trondheim
På	on, in, at. It has a strong	*På Island ; på Hamar*
	use when used with	*Gå på skolen*
	geographical names.	
Siden	since	*Det er lenge siden han har*
		vært her
Til	to, for, until	*Han reiste til U.S.A.*
		Han kjøpte en hatt til henne
		Vent til onsdag
Under	under, below, during	*Under den Store Nordiske*
		Krig
Unntagen	except	
Uten	without	
Ved	at, by	

Prepositions may be used with infinitive verbs, where English calls for a present participle:

> *example:* Jeg er lei **av** å høre om ham

They can also be placed in front of a subordinate clause where they are often omitted in English:

> *examples:*   Jeg er redd **for at** pengene blir lite verd
> Hun er skuffet **over at** ingen kjente henne

CHAPTER 13

Types of Work and Professions

Dialogue

A young man named Sven Ottosen visits the office of a guidance counselor, Professor Helge Iversen at Oslo University, in order to get some advice as to what subjects he should study and what type of career he should eventually select. The following conversation ensues.

Sven Ottosen: Jeg er glad for å få anledning til å diskutere med Dem hvilke fag jeg bør konsentrere meg om når jeg begynner på universitetet til høsten. Jeg er i tvil om mitt program de neste årene, spesielt siden jeg håper å bli lege med tiden.

Professor Iversen: Som du vet har vi her i Norge mange forskjellige såkalte høyskoler som tilbyr instruksjon i den mest videregående utdannelse, som jo er av største nødvendighet i et sivilisert land. Vi har også tre universiteter, i Oslo, Bergen og Tromsø, og alle har fakulteter som dekker de fleste vitenskaper. Hvis du vil bli lege med tiden, bør du begynne ved Medisinsk Fakultet ved universitetet her i Oslo og etter flere års studium bli tilknyttet et hospital, og først siden kan du starte din egen praksis. De som tenker på å bli prest studerer ved Teologisk Fakultet, fremtidige sakførere, advokater og dommere tar eksamen ved det Juridiske Fakultet, men for andre spesielle fag og vitenskaper må man søke å bli opptatt ved et av de relevante instituttene. Gutter og jenter som er interessert i ingeniørfaget, vil studere i Trondheim, ved den Tekniske Høyskolen der. Opplæring i landbruk får man ved Norges Landbrukshøyskole på Ås, og ved Handelshøyskolen i Bergen studerer man handel og forretningsliv. Og ved Arkitekturhøyskolen i Oslo blir man opplært i å tegne hus og bygninger.

Sven Ottosen: Jeg tror jeg har bestemt meg for medisinen. Jeg er glad for at jeg med tiden kan dra fordel av et yrke og en høyere utdannelse som tiltaler meg.

Professor Iversen: Men folk med høyere utdannelse og skolering må ikke føle seg overlegne overfor folk som er beskjeftiget med arbeid som trenger mindre utdannelse men allikevel kan være meget komplisert og bidrar til samfunnets ve og vel. Slike jobber krever often meget hjernearbeid, opplæring og teknisk erfaring. Jeg sikter til mekanikere, gårdbrukere, formenn i alle slags fabrikker, lokomotivførere, lastebilsjåfører, selgere, forskjellige stillinger i reiselivet, i hoteller og på hospitaler, skomakere og skreddere, samt alle de underordnede jobbene i fabrikker, på sjøen, i veivesenet og i kommunikasjonene i sin helhet. Alle fortjener en honnør, siden de er med på å bygge opp et samfunn med driftige og velstående medlemmer. Så, lykke til, Sven, jeg håper du vil like din nye profesjon og at du får anledning til å gjøre meget godt for dine medmennesker.

VOCABULARY

en høyskole	university, school for higher learning
en nødvendighet	need, necessity
en vitenskap	science
en lege	physician
en praksis	practice
en prest	pastor, minister
en sakfører	lawyer
en advokat	attorney-at-law
en dommer	judge
et ingeniørfag	engineering subject
en opplæring	training

et landbruk	agriculture
en handel	commerce
et forretningsliv	commerce and trade
Arkitekturhøyskolen	School of Architecture
et hjernearbeid	brain work
en skolering	schooling
en mekaniker	mechanic
en gårdbruker	farmer
en formann	manager
en fabrikk	factory
en lokomotivfører	locomotive engineer
en lastebilsjåfør	truck driver
en selger	salesperson
et reiseliv	tourism
en skomaker	shoemaker
en skredder	tailor
en honnør	salute, honor
et medmenneske	fellow human being
å diskutere	to discuss
å konsentrere	to concentrate
å tilby	to offer
å bli tilknyttet	to join
å ta eksamen ved	to graduate from
å tegne	to draw
å bestemme seg	to decide
å tiltale	to appeal
å sikte til	to refer to
videregående	advanced
juridisk	juridical
overlegen	superior to
ve og vel	benefit, advantage
velstående	prosperous
driftig	enterprising

EXERCISES

Please answer these questions in Norwegian. For suggested answers, see the Appendix.

1. What did Sven Ottosen wish to discuss with Professor Iversen and for what purpose?
2. Which are the three Norwegian universities and what are some of the academic subjects taught there?
3. Having completed a university education, which are some of the more important occupations for which one will qualify?
4. What kind of positions are held by some of the non-academic people?
5. Could you describe other jobs that do not demand much schooling but are important, nevertheless, in a civilized society?
6. Are feelings of superiority proper between occupations? Why are they not?
7. What kind of education and training is offered in the Norwegian "high schools"?
8. Where is the place to study engineering?
9. Where should one study agriculture?
10. How many occupations, and which are they, which deserve salute?

GRAMMAR AND USAGE

Auxiliary Verbs

An auxiliary verb (in Norwegian, *hjelpeverbum*), together with the main verb, serves to express time, form of actions, etc. that have not been indicated through the main verb's conjugation.

The verbs **ha**, **være** and **bli** are used to form compound sentences.

These auxiliaries are also commonly used to form the compound verb tenses: **future, perfect**, and **pluperfect**. Each of these tenses are formed by adding the auxiliary verb to the verb's infinitive. The most frequently used of such auxiliaries are:

Infinitive	Present	Past	Past participle
å kunne	kan	kunne	kunnet
å skulle	skal	skulle	skullet
å ville	vil	ville	villet
å måtte	må	måtte	måttet

After an auxiliary, the principal verb is always in the infinitive:

examples: å ikke ⇒ Du **må** ikke stjele
*You **must** not steal*

å skrive ⇒ Hun **kan** skrive
*She **can** write*

After an auxiliary verb, a principal verb denoting motion may be left out:

example: Hun skal [reise] til Amerika
She will travel to America

CHAPTER 14

Hobbies and Interests

Dialogue

A young man by the name of Reidar Berg discusses hobbies and interests with a friend of his, Harald Larsen.

Reidar Berg: Det var et lykketreff at vi møttes her i dag. For jeg vil gjerne spørre deg til råds. Saken er nemlig den at jeg har så mye tid til overs og jeg har i det siste overveid hvilke nye hobbyer eller fritidsaktiviteter jeg burde begynne med. Jeg har jo holdt på med filateli og har en respektabel frimerkesamling. Men mine foreldre mener at jeg bør lære å spille et musikkinstrument, siden musikk, som de sier, er noe som forskjønner livet. De venter ikke at jeg blir en stor og kjent pianist, men jeg må tilstå at ideen tiltrekker meg. Hva synes du, Harald?

Harald Larsen: Man sier jo at musikk gir ens liv riktig innhold, og den tanken bifaller jeg. Men kanskje du senere blir mer interessert i å spille fiolin enn piano. Jeg selv synes at klangen fra en fiolin er som musikk fra himmelen, men det er vel litt overdrevent sagt. Men det er én ting du ikke må forglemme, det er å spille sjakk. Det flere-tusen-år gamle spillet krever både skarphet og strategisk tenkning, og en førsteklasses sjakkspiller får med én gang et godt renommé i hele distriktet.

Reidar Berg: Ja, sjakk er noe som jeg vil sette på mitt fremtidsprogram. Men kortspill har jeg bestandig mislikt. I mellomtiden bør jeg kanskje bruke mer av min tid i bibliotekene her i byen. Alle vet jo at lesning av gode bøker, både skjønnlitteratur og faglitteratur, utvider ikke bare ens åndelige og intellektuelle horisont men også ens viten og kunnskaper. Men det er én ting som du må tenke litt over, og det er å lære å danse. Man kan si at dans er en meget positiv innflytelse på både legeme og sjel. Og gymnastikk kommer i samme kategori.

Harald Larsen: Selv har jeg så smått tenkt på å gå på en danseskole til vinteren. Og jeg, som mange andre, burde kanskje se et skuespill fra tid til annen. Jeg har jo vært kinogjenger i mange år.

Reidar Berg: Som andre norske gutter har jeg jo vært svært interessert i flere idrettsgrener. Skisporten har jo vært rett i blinken for meg, og hver høst håper jeg på en masse sne til vinterstid. Jeg har jo deltatt i både hopprenn og langrenn, men når man blir eldre et det vel nærmest utforrenn, slalom og skiturer som vil ha den største tiltrekning. Det er vel ingenting som får en til å føle seg mer i ett med naturen, når det er dyp sne og litt kulde i luften, mens en går timevis i en løype over dal og fjell. Holder du ikke med meg i det?

Harald Larsen: Jo, det er jo nasjonalsporten her til lands. Men glem ikke skøytesporten. Det er ikke meget som kan sammenlignes med nesten å flyte over isen. Men med hensyn til sommersportene, har vi jo alltid friidrett samt sommerens nasjonalsport, fotball. Du blir kanskje snart opptatt på et av de beste lagene her i byen. Det er en sport man forblir interessert i hele ens liv, fra aktiv spiller til tilskuer og muligens trener.

Reidar Berg: Vi må ikke glemme tennis og golf. De passer for alle aldre. Vi må også nevne at i alle sportsgrener deltar fler og fler kvinner og unge piker. Og det er jo svært hyggelig.

VOCABULARY

et lykketreff	stroke of good luck
en fritidsaktivitet	leisure activity

en filateli	philately, stamp collecting
en frimerkesamling	stamp collection
foreldre	parents
et musikkinstrument	musical instrument
en pianist	pianist
et innhold	content
en klang	sound
sjakk	chess
et fremtidsprogram	future program
et kortspill	card game
en mellomtid	interval
et bibliotek	library
en skjønnlitteratur	fiction
en faglitteratur	non-fiction
en horisont	horizon
en viten	knowledge
en kunnskap	information, knowledge
en innflytelse	influence
et legeme	body
en sjel	soul
en gymnastikk	gymnastics
en kategori	category
en danseskole	dance school
et skuespill	play
en kinogjenger	movie fan
en idrettsgren	type of sport
en skisport	skiing
et hopprenn	ski jump competition
et langrenn	cross-country ski race
et utforrenn	downhill ski race
en tiltrekning	attraction
en kulde	cold, frost
en løype	ski trail
en nasjonalsport	national sport
en skøytesport	ice-skating
en sommersport	summer sport
friidrett	track and field sports

fotball	soccer
et lag	team
en tilskuer	spectator
en trener	trainer
å overveie	to consider
å forskjønne	to beautify
å flyte	to float
å tilstå	to admit
å glemme	to forget
å tiltrekke	to attract
å bifalle	to approve
å mislike	to dislike
å utvide	to expand
overdreven	exaggerated
førsteklasses	first-class
bestandig	always
åndelig	spiritual
intellektuell	intellectual
rett i blinken	right on target
til råds	for advice
til overs	extra
til vinterstid	in the wintertime

EXERCISES

The following questions should be answered in complete Norwegian sentences. For suggested answers, see the Appendix.

1. Among the many hobbies available, which ones ought a young man choose?
2. On which of the many board games ought a young man concentrate?
3. What do you suppose one can learn from collecting stamps?
4. Why is it a good thing to learn how to play a musical instrument?

5. Why is reading one of the best ways to spend one's time?
6. Why is dancing an activity that everyone ought to learn?
7. Why is skiing so popular in Norway?
8. Why has soccer become so popular, both in Norway and worldwide?
9. What can you say about tennis and golf?
10. Who besides men go in for all of these activities?

CHAPTER 15

Theater, Film, and Television

Dialogue

Unni Sveum attends a Theater School in Oslo. Using her dramatic talent, she is preparing herself for a career in the Norwegian theater and motion pictures. Today she has run into a well-known and respected actor, whom she has met a few times previously, by the name of Ingvar Skoglund. Naturally, their conversation revolves around old and new drama, motion pictures, and television.

Unni Sveum: Jeg setter pris på å treffe Dem igjen, hr. Skoglund. Som jeg har nevnt før, synes jeg at mange av de rollene De har spilt må ha vært noen av de mest fremstående i de siste års forestillinger.

Ingvar Skoglund: Nå, nå, kjære frøken Sveum, nå overdriver De litt og jeg vet at slik ros er ufortjent. Men hvordan går det med Deres teaterstudier? Jeg har erfaring for å kunne si at et grundig studium av fagene det undervises i på Teaterskolen er det beste grunnlag for en fremtidig karriere. Jeg har selv gjennomgått hele pensumet; det kan bli litt trettende i det lange løp, men slik skolegang er jo helt uunnværlig. Men nå ser jeg frem til det nye skuespillet vi setter opp på Nationaltheatret. Det er av en russisk skuespillforfatter; det heter *Langt Imellom Slagene* og er veldig godt oversatt av min venn Robert Gråkap. Som de fleste skuespill består det av fem akter, og hver og en er veldig spennende. Jeg foreslår at De går og ser et superb drama som desverre bare spilles i to ukers tid.

Unni Sveum: Det er sikkert et godt råd. Jeg liker oversatte skuespill, de bringer liksom hele verden rett innenfor dørene. Men akkurat nå er jeg helt forlibt i Henrik Ibsens skuespill. Jeg har ikke bare lest dem alle, fra de tidlige romantiske til de senere meget realistiske som blir beundret verden over. Og så har jeg meget til overs for Ludvig Holbergs komedier hvis humor jeg synes er uforlignelig. Men jeg prøver ikke å forbigå alle de moderne forfatterne som er fullt på høyde med de fleste av de gamle klassikerne.

Ingvar Skoglund: Men når man er til stede ved en førsterangs oppførelse av et verdenskjent skuespill, det være seg et drama eller en komedie, må man gi full erkjentlighet til de mange andre hvis arbeid innen teatret er helt vesentlig. Jeg tenker på instruktører, folk som er ansvarlige for kulisser, og mange andre. Vi må også ha et godt ord å si om teaterkritikerne, for uten dem må vi kanskje spille for tomme hus.

Unni Sveum: Det er også et annet kapittel som interesserer meg. Det er de gamle greske skuespill av folk som Sofokles, Euripides, og Aristofanes. Å lese deres skuespill, selv i norsk oversettelse, er som å grave i en gullgrube.

Ingvar Skoglund: Ja, de gamle grekerne har meget å lære oss. Men i dag kan man jo si at alle de som har med filmen å gjøre er kommet langt på det område. Jeg husker en film som *Trollelgen* som jeg så da jeg var gutt; den var uhyre interessant, og etterkrigsårene har produsert helt førsteklasses filmer. Og mange av oss teaterfolk har jo fått anledning til å opptre på selluloid. Men før vi skilles må vi si litt mer om hjertebarnet mitt, teatret her i Norge. Den fremste norske scenen er jo Nationaltheatret i Oslo, men vi er også stolte av Det Norske Teatret hvor skuespillene oppføres på nynorsk. Så har vi jo Oslo Nye Teater, som legger hovedvekten på nyere norsk dramatikk. Og utover landet florerer teaterkunsten. Vi har Den Nationale Scene i Bergen, Rogaland Teater i Stavanger, og Trøndelag Teater i Trondheim. Endelig har vi Riksteatret som reiser landet rundt og oppfører skuespill. Det er også mange regionsteatre rundt omkring i landet.

Unni Sveum: Som en uforbederlig kinogjenger vil jeg gjerne tilføye noen ord om norsk film. Jeg synes det er godt gjort at her i Norge lages det gjennomsnitlig 6-8 nye filmer hvert år, og mange av dem er av

122

stor interesse og kvalitet. Og jeg er fast gjest ved den årlige filmfestivalen i Haugesund, som også er av internasjonalt format.

Ingvar Skoglund: Og så har vi mange radioprogrammer samt en kunstform som vil stadig vokse. Det er fjernsynet, hvor vi allerede har to forskjellige utsendelser over hele landet, og norske hjem er godt forsynt med fjernsynsapparater. Flere av programmene er jo importert, men mange er, som De sikkert vet, av heilnorsk støpning. Vi har nok snakket om et uuttømmelig emne, og nå vil jeg håpe at De, frøken Sveum, vil finne at livet på de skrå bredder er like så givende og interessant som jeg synes det er. Lykke til, frøken Sveum!

VOCABULARY

en rolle	role
en forestilling	performance
en ros	praise
et teaterstudium	study of the theater
en erfaring	experience
et fag	subject, trade
et grunnlag	basis, foundation
en karriere	career
et pensum	curriculum
en skolegang	school attendance
et skuespill	play, theater production
en skuespillforfatter	playwright
en akt	act
et godt råd	good advice
en oppførelse	performance
et regionsteater	regional theater
en erkjentlighet	appreciation
en instruktør	instructor, director
en kulisse	side-scene, wing

en teaterkritiker	theater critic
en oversettelse	translation
en gullgrube	goldmine
et område	area
Trollelgen	The magic elk
et etterkrigsår	postwar year
et hjertebarn	favorite child
en scene	scene
en hovedvekt	main emphasis
en dramatikk	dramatic art
en kinogjenger	movie fan
en filmfestival	film festival
et format	size, format
fjernsynet	television
en utsendelse	telecast
et fjernsynsapparat	television set
en støpning	cast
et emne	topic
de skrå bredder	(humor) the stage
å overdrive	to exaggerate
å bestå	to consist, to endure
å foreslå	to propose, to suggest
å beundre	to admire
å forbigå, forbigikk, forbigått	to omit, disregard
å huske	to remember
å skilles	to part, leave, seperate
å florere	to flourish
å forsyne	to supply
å grave	to dig
fremstående	prominent
ufortjent	undeserved
fremtidig	future
trettende	tiring
i det lange løp	in the long run
uunnværlig	indispensable
spennende	exciting, thrilling
desverre	unfortunately

liksom	similar, just as
forlibt	in love with
til overs	in favor of
uforlignelig	unequaled
uhyre	tremendously
selluloid	celluloid
vesentlig	essential
ansvarlig	responsible
uforbederlig	inveterate, confirmed
heilnorsk	100% Norwegian
uuttømmelig	inexhaustible
givende	rewarding
nynorsk	New Norwegian
verdenskjent	known the world over
gresk	Greek
hr.	mister

EXERCISES

Please answer these questions with complete sentences in Norwegian. For suggested answers, see the Appendix.

1. What is the profession of Ingvar Skoglund, and how does he like it?
2. What is the name of Skoglund's alma mater and Unni's current school?
3. Why does Unni like translated plays?
4. Who are Unni's two favorite playwrights?
5. Excepting the playwright, who should get credit for the success of a play?
6. Which are the main theaters throughout Norway?
7. Why does Unni like the classical Greek plays and who are the playwrights that she prefers?

8. How would you characterize the Norwegian film industry?
9. Why does Unni like to go to the movies?
10. Does television seem to be popular among the Norwegian people?

CHAPTER 16

Norwegian Literature

Dialogue

Two literary critics attend a luncheon for a well-known Norwegian author who has been mentioned as a possible candidate for the Nobel Prize for Literature. Here we have recorded parts of their conversation.

Litteraturkritiker Nr. 1: Dette er jo en festlig sammenkomst. Og jeg håper at ryktene som svirrer rundt denne forfatteren som vi beærer i dag blir virkelighet. Men som jeg allerede har nevnt overfor deg, arbeider jeg nå med en historisk artikkel om norsk litteratur, og vil gjerne gi deg et lite resymé for å kunne dra fordel av din lærdom. Jeg begynner artikkelen med sagatiden, som jo produserte en rekke sagaer om kongelige og andre personer og de er veldig interessant lesning den dag i dag. Siden de ble skrevet på oldnorsk, er de jo alle blitt oversatt til moderne språk, bokmål og nynorsk. Fra den tiden har vi, som du vet, virkelige dikt av de såkalte skalder, og deres kvad er ofte av høy kunstnerisk kvalitet. Etter Reformasjonen har vi en dikter som Petter Dass i det syttende århundre, og i det følgende århundre har vi Ludvig Holberg, som skrev på dansk og slo seg ned i Danmark. Hans komedier er virkelig fornøyelige. Tidlig i det nittende århundre har vi flere store navn. I første rekke står Henrik Wergeland and Johan S. Welhaven, hvis poesi og prosa er vidt beundret av moderne lesere. Men hvordan bør vi karakterisere den neste perioden i vår litteraturhistorie?

Litteraturkritiker Nr. 2: Det blir ikke en lett sak. Først var det nasjonalromantikken som preger den litterære produksjonen, og man kan nesten si at Norge trer inn på verdensscenen med slike navn som Bjørnstjerne Bjørnson og Henrik Ibsen. De var to kjemper som markerte begynnelsen på en stor blomstringsperiode.

Realismen var den nye retning. Bjørnsons dikt, romaner og skuespill samt Ibsens dramaer, som ofte spilles både innenlands og utenlands, er av aller høyeste klasse. Vi har hørt så meget om De Fire Store, som inkluderer de to foran nevnte samt Jonas Lie og Alexander L. Kielland. Både Lie og Kielland har skrevet verker som er fulle av liv, idéer og handling, som gjør det vanskelig å legge bøkene fra seg. Men du som er spesialist på moderne litteratur, må si noen ord om dette emnet.

Litteraturkritiker Nr. 1: Først vil jeg nevne fire store navn innen nynorsk litteratur: Ivar Aasen, Aasmund O. Vinje, Arne Garborg, og Olav Duun. Deres skrifter, både poesi og prosa, forsvarer med glans deres posisjon innen vår litteraturhistorie. I vårt eget århundre har vi hatt utallige forfattere hvis bøker er spennende og lærerike med hensyn til handling og personvalg. Knut Hamsuns klassiske romaner kan med full rett kalles udødelige, og det samme er tilfelle med Sigrid Undsets middelalderromaner. Begge forfattere fikk Nobelprisen og gir leseren opplevelser av de sjeldne. Nær vår egen tid har vi Johan Falkberget, Sigurd Hoel, Vera Henriksen og Johan Borgen, og mange flere jeg gjerne ville si litt om hvis vi bare hadde litt mer tid. Tre lyrikere må absolutt ikke neglisjeres: Herman Wildenvey, Arnulf Øverland og Olaf Bull. En annen bransje av vår litteratur er jo folkeeventyrene, som ble samlet av P. Chr. Asbjørnsen og Jørgen Moe. Det er lesning som gleder både barn og voksne. Og det er vel også nevneverdig i denne forbindelsen at utallige norske romaner og dikt er blitt oversatt til mange andre språk og er etterspurt av lesere verden over.

Litteraturkritiker Nr. 2: Jeg vil gjerne føye til en fotnote om norsk presse, om magasiner og aviser. Det er vel så at aviser ikke hører hjemme i kategorien litteratur men de er i høy grad populært lesestoff. I mange av våre beste magasiner vil man finne fortellinger som siden blir utgitt i bokform, og avisene har ofte leseverdige essays og artikler av varig verdi, om kunst, kultur, politikk, osv. I Norge har vi mange helt førsteklasses aviser, med flinke og velorienterte journalister og korrespondenter. Aviser som *Aftenposten* og *Verdens Gang* har en landsomfattende lesekrets, mens mange av lokalavisene spiller en viktig rolle i sine distrikter. Alle avisene er også tilgjengelige i de offentlige biblioteker. Men nå må jeg si farvel og gå hjem hvor en spennende roman ligger og venter på meg!

VOCABULARY

en sammenskomst	gathering
et rykte	rumor
en forfatter	author
en virkelighet	reality
et resumé	resumé
en fordel	advantage
en lærdom	knowledge
en sagatid	time of the sagas
en lesning	reading
et dikt	poem
en skald	medieval Norse poet
et kvad	skaldic poem
et århundre	century
en rekke	row, rank
en komedie	comedy
en litteraturhistorie	history of literature
en sak	case, matter
en nasjonalromantikk	national romanticism
en produksjon	production
en verdensscene	scene of the world
et navn	name
en kjempe	giant
en begynnelse	beginning
en blomstringsperiode	renaissance period
en realisme	realism
en retning	direction
et dikt	poem

en roman	novel
et skuespill	play
et drama	drama
et verk	literary work
liv, idéer og handling	life, ideas, action
et skrift	writing
poesi	poetry
prosa	prose
en glans	brilliance
en posisjon	position
en opplevelse	experience
en handling	action
et personvalg	selection of individuals
et tilfelle	case, instance
en middelalderroman	novel set in the Middle Ages
en lyriker	lyric poet
en bransje	line of business
et folkeeventyr	folk tale
en voksen, voksne	adult
en fotnote	footnote
en presse	press
et magasin	magazine
en avis	newspaper
et lesestoff	reading material
en fortelling	story
en bokform	form of book
en essay	essay
en artikkel, artikler	article
en verd	worth
en kunst	art
en kultur	culture
politikk	politics
en korrespondent	correspondent
en lesekrets	circle of readers
en lokalavis	local newspaper
et bibliotek	library
å slå seg ned	to settle down

å forsvare	to defend
å svirre	to buzz
å beære	to honor
å dra fordel	to take advantage
kongelig	royal
offentlig	public
landsomfattende	nationwide
oldnorsk	Old Norse
bokmål	Standard Norwegian
nynorsk	New Norwegian
fornøyelig	amusing, pleasurable
tilgjengelig	available
osv.(og så videre)	and so on
velorientert	well-informed
leseverdig	worth reading

EXERCISES

The following questions are to be answered with complete sentences in Norwegian. For suggested answers, see the Appendix.

1. What does a literary critic do for a living?
2. Why is it difficult for modern readers to enjoy sagas in the original language, and what has been done to overcome this problem?
3. What is noteworthy about Ludvig Holberg?
4. What are the names of the two major literary periods in the nineteenth century? What types of books were written?
5. Can you say a few words about the "Big Four"?
6. Which Norwegian authors have won the Nobel Prize for Literature? What types of books have they produced?
7. What are folk tales, and who has collected them in Norway?
8. Who are some of the best known contemporary authors?
9. Who are the best known lyric poets?
10. Discuss Norway's newspapers and magazines.

CHAPTER 17

The Music of Norway

Lecture

A Norwegian music teacher, who for a year or more has instructed his senior public school class in singing and playing various instruments, has decided to give his students a little background in Norway's musical history. Here, we have excerpted the most interesting sections of his talk.

Musikklæreren: Som vi alle vet er musikk en integral del av norsk kultur. Og har vært det siden langt tilbake. I Middelalderen hadde vi fortrinsvis folkemusikken, som besto mest av sanger og ballader, samt dansemusikk. Først i det nittende århundre kan man si at kunstmusikken gjorde sitt inntog.

Halfdan Kjerulf, som med sine melodier til mange av Bjørnsons dikt, ble meget populær, og er det den dag i dag. Det var Rikard Nordraak, som blant andre populære stykker komponerte melodien til Norges nasjonalsang, "Ja, vi elsker," hvis tekst er ekte Bjørnsonsk.

Men den som først gjorde norsk musikkliv verdensberømt var Edvard Grieg, hvis symfonier, klaververker, og kammermusikk har reist sitt hjemland opp til musikkens høyder. Dere har kanskje lagt merke til at når en av Griegs mest kjente verker blir fremført, er det bestandig en stor tilstrømning av publikum. Det samme er ikke en sjelden foreteelse i mange andre land.

Han har fått mange etterfølgere. Christian Sinding vant berømmelse i musikkretser verden over, og blant sangerne vi har fostret her i landet er det ingen som kan gjøre Kirsten Flagstad rangen stridig. Hun tolket blant annet Wagners musikk ved Metropolitan Opera i New York og utallige andre operaer i øst og vest. Hun ble siden den første sjef for den Norske Opera. Blant de mest kjente av etterkrigstidens norske komponister har vi Fartein Valen, Harald Sæverud, og Klaus Egge. Dere burde absolutt kjøpe billetter til konserter hvor deres musikk står på programmet.

Det er ingen tvil om at musikk står det norske folks hjerte nær, og vi ser frem til kommende årtier uten bekymring. Vi skal nok holde oss i têten, spesielt siden sang og musikk er skolefag fra grunnskolen opp. Og hva er av like stor virkning er det faktum at de fleste skoler har sine egne orkestre eller musikkorps. Der lærer ungdommen å spille all slags instrumenter, det være seg fiolin, trompet, tromme, harpe, gitar, mandolin, saksofon, piano, eller trekkspill.

Som et siste ord her i dag vil jeg bare understreke at de av dere som vil ha musikken som et levebrød, bør søke privatundervisning og ikke glemme daglige øvelser. Et av målene er da å bli inntatt som student ved Norges Musikkhøyskole. Det er noe en aldri vil angre på!

VOCABULARY

en ballade	ballad
en dansemusikk	dance music
en kunstmusikk	art music
et inntog	entry
en komponist	composer
et stykke	piece
en melodi	melody
en nasjonalsang	national anthem
et musikkliv	musical life
en symfoni	symphony
et klaververk	work for the piano
en kammermusikk	chamber music
Bjørnsonsk	á la Bjørnson
en høyde	height
en tilstrømning	influx
et publikum	public
en foreteelse	event, phenomenon
en etterfølger	successor
en berømmelse	fame
en musikkrets	musical circle

en rang	rank
en sjef	chief, director
en billett	ticket
en tvil	doubt
et hjerte	heart
et årti	decade
en bekymring	concern, worry
en tête	lead
et skolefag	school subject
en grunnskole	elementary school
en virkning	effect
et faktum	fact
en skole	school
et orkester	orchestra
et musikkorps	band
et instrument	instrument
en fiolin	violin
en trompet	trumpet
en tromme	drum
en harpe	harp
en gitar	guitar
en mandolin	mandolin
en saksofon	saxophone
et trekkspill	accordion
et levebrød	living, livelihood
en privatundervisning	private instruction
en øvelse	practice, training
å vite, vet, visste, visst	to know
å bestå	to exist
å komponere	to compose
å fremføre	to present
å legge merke til	to notice
å fostre	to rear, to breed
å tolke	to interpret
å spille	to play
å understreke	to emphasize
å glemme	to forget

å innta	to accept
å angre	to regret
integral	integral
langt tilbake	long ago
fortrinnsvis	by preference
verdensberømt	world famous
sjelden	rare
utallig	numerous
mest kjent	best known
egen, egne	own
det være seg	be it

EXERCISES

The following questions should be answered with complete sentences in Norwegian. For suggested answers, see the Appendix.

1. What were the earliest types of music or song popular in Norway during the Middle Ages?

2. What is the Norwegian national anthem called? Who wrote the words? Who composed the music?

3. How is the Norwegian national anthem different from *The Star-Spangled Banner*?

4. Discuss Norway's greatest composer.

5. Who is the Norwegian who achieved worldwide fame through her operatic performances and in which operas did she star?

6. What position did she hold later in life?

7. How do Norwegian schoolchildren and older students maintain their interest in song and music?

8. Which are the most popular musical instruments among people at large?

9. What is one of the first steps necessary for someone interested in a career in music?

10. Name the greatest Norwegian composers of the nineteenth century prior to Grieg.

CHAPTER 18

The Merchant Marine

Dialogue

Two young men, Ole and Per, meet one day on Oslo's main avenue. They have not seen each other in a number of years because Per has been an active member of the Norwegian merchant marine. Here is part of their conversation.

Ole: Når er det lenge siden vi sist traff hverandre. Men jeg forstår at du har vært til sjøs.

Per: Ja, nå føler jeg meg som en fullbefaren sjøulk. Det er kommet så langt at jeg setter sjøbein hver gang jeg krysser en gate. Det er kanskje en overdrivelse, men det er ingen tvil om at jeg har fått salt i blodet. Og på sjøen håper jeg at jeg vil fortsette og stige i gradene.

Ole: Det var hyggelig å høre. Fortell meg litt om livet på de store hav.

Per: Det skal jeg gjøre med glede. Det er jo nå to år siden jeg mønstret på som jungmann på en lastebåt som var i fraktfart fra London til Singapore og andre østasiatiske byer. Hver tur ble litt av en opplevelse. Båten var jo norsk, en del av den norske handelsflåten, som ordet "vidstrakt" kan brukes om med rette. Det var kjekke folk som arbeidet der ombord, med en skipper som var en flott kar, og det mest overraskende var at maten var helt førsteklasses. Og i de forskjellige havnene fikk jeg anledning til å kikke på alle severdighetene, og det var uhyre interessant og lærerikt.

Ole: Nå er du altså blitt litt av en verdensmann. Men jeg har hørt at vår handelsflåte er en av de største i verden med over tusen skip, og over halvdelen er tankskip, og de fleste har rute utelukkende mellom oversjøiske havner. Skipsrederne på en måte leier fartøyene ut under det som kalles certepartier eller befraktningskontrakter. Jeg forstår også at det er mange andre typer av fraktbåter, som containerskip, i tillegg til de alminnelige fraktbåter, all drevet med enten damp eller diesel. Men det aller siste er jo en ordning hvorved sjøfolk reiser hjem på ferie til gamlelandet.

Per: Ja, den ferieordningen er noe vi setter pris på. Nå skal jeg forresten gå på sjømannsskolen her i byen og studere navigasjon og andre fag. Så om noen år vil du se meg med striper på jakkeermet når jeg blir styrmann, og langtidsmålet er jo å ta skippereksamen.

Ole: Når du nevner ferie, så har jeg også sjøen i tankene. Men de båter jeg er spesielt interessert i er mange av de fine cruiseskipene, som de kalles. Jeg har lyst på en tur med en av de riktig flotte cruisebåtene vi sjelden ser her hjemme da de har sine ruter for det meste i det Karibiske Hav. Lykke til på sjømannsskolen, og jeg håper vi sees igjen om ikke lenge!

VOCABULARY

en sjøulk	old salt
et sjøbein	sea-legs
en gate	street
en overdrivelse	exaggeration
en grad	grade, rank
en jungmann	ordinary seaman
en lastebåt	freighter
en fraktfart	carrying freight
en opplevelse	experience
en handelsflåte	merchant fleet
en severdighet	sight
en verdensmann	man of the world
en halvdel	half
en havn	harbor

en anledning	opportunity
et fartøy	vessel
et certeparti	time charter
en befraktningkontrakt	chartering contract
en fraktbåt	cargo-carrying vessel
et containerskip	container ship
en ferie	vacation
et gamleland	old country
en ferieordning	vacation arrangement
en sjømannsskole	navigation school
en navigasjon	navigation
et fag	subject
en stripe	stripe
et erme	sleeve
et jakkeerme	jacket sleeve
en styrmann	mate
et langtidsmål	long-time goal
en skippereksamen	examination for master's certificate
en tanke	thought
et cruiseskip	cruiseship
en rute	route
å treffe, traff, truffet	to meet
å forstå, forsto, forstått	to understand
å krysse	to cross
å fortsette	to continue
å stige	to rise, to advance
å mønstre på	to sign on
å leie	to rent, to hire
å kikke på	to look at
fullbefaren	able-bodied, experienced
østasiastisk	East Asian
vidstrakt	extensive, far-flung
kjekk	good, brave
ombord	on board
flott	dashing
lærerikt	instructive, informative

utelukkende	exclusively
oversjøisk	overseas
i tillegg	in addition
sjelden	seldom
det Karibiske Hav	the Caribbean Sea

EXERCISES

The student is asked to answer the following questions with complete sentences in Norwegian. For suggested answers, see the Appendix.

1. Where has Per spent much of his time during the last two years? How has he been employed?

2. What is Per's opinion of the Norwegian merchant marine?

3. What types of ships make up the Norwegian merchant marine, and what are their purposes?

4. What does Per want to do in the future?

5. How do Norwegian sailors get vacations?

6. What type of ship is Ole mostly interested in, and what do they do?

7. What did Per do in the harbors and countries that his ship visited?

8. What does Ole say about the Norwegian merchant marine?

9. How does Per say he felt when he met Ole after two years?

10. With what part of the world has Per become well-acquainted?

CHAPTER 19

Oil and Gas

Dialogue

Norway has in recent years become a very big producer of oil and gas, all of which are pumped directly out of the country's surrounding seas. The profits, millions of kroner each year, go straight into the treasuries of the oil companies and the government. This export, by Statoil, the giant publicly-owned producer and marketer of oil and gas, creates jobs for thousands of men and women It is indeed a fairy-tale come true, and is often the subject of discussion and praise among Norwegian citizens both young and old. We have here a summary of a conversation between a young man, Torbjørn Aslaksen, and his mother, Sigrid Aslaksen – both of whom are residents of Oslo.

Sigrid Aslaksen: Som du har fortalt meg, Torbjørn, så reiser du vel snart til Stavanger, som jo er oljebyen par excellence her i landet.

Torbjørn Aslaksen: Ja, mor, nå går turen vestover for meg, siden jeg hører at mulighetene er store for å kunne skaffe meg en virkelig karriere innen oljeindustrien. Som du kanskje vet, så ansetter de en mengde nye folk for å bemanne de nye oljeriggene og plattformene i Nordsjøen og også langt mot nord, samt alle de nye kontorene til firmaer i bransjen.

Sigrid Aslaksen: Jeg sier bare lykke til og håper at du blir ansatt ved et av de store firmaene hvor du med tiden vil få en god stilling.

Torbjørn Aslaksen: Ja, Stavanger er fremtidens by. Det siste er at de åpner et nytt felt langt i nord, ved Tromsø, i tillegg til alle oljeplattformene allerede på plass i Nordsjøen, over den såkalt norske kontinentalsokkelen.

Sigrid Aslaksen: Siden din tekniske utdannelse ikke er overmåte stor, passer du kanskje best til en kontorjobb, gutten min, men slå på tråden så snart du kan og fortell meg hvilket firma ansetter deg og ikke glem å gi meg din nye adresse.

Torbjørn Aslaksen: Ja, mor, det skal jeg gjøre. Men alt går sikkert bra. For Stavanger er jo hovedstaden når det kommer til utvinning av gass og olje. Det blir meldt om nye oljeforekomster rett som det er. Som du kanskje vet, begynte de første norske oljeboringene i Nordsjøen in 1966, og de første funn ble gjort i 1968, og den første prøveproduksjonen kom i gang i 1971. Og snart er Norge så og si på høyde med Russland og Arabia som oljeprodusent. Det lyder jo som et eventyr og hvem vil ikke være selv en biperson i et eventyr? For å se litt mer realistisk på saken, er selve sokkelen utenfor fastlandet anslått til 160,000 kvadratkilometer, og oljeholdig må vel være ordet for en slik sokkel. Mange milliarder av kroner er blitt investert, også av utenlandske firmaer, i installasjoner til havs og i skip samt i raffinerier og rørledninger til europeiske kunder i mange land. Og Staten drar også fordel av oljeproduksjonen i form av skatter og avgifter. Produksjonen synes å vokse årlig. All gass og over 90 prosent av oljeproduksjonen blir eksportert, så du skjønner at denne industrigrenen er en makeløs forøkelse innen landets økonomi. Men det beste er kanskje at sysselsettingen øker innen direkte oljeutvinning, på baser, innen transport, konstruksjon av plattformer, på forsyningsskip og i petrokjemisk industri i sin helhet, og ikke å forglemme at hele kontorpersonalet har økt til oppimot åtti tusen. Så det blir nok en del for meg å gjøre der over i oljebyen.

Sigrid Aslaksen: Ja, lykke til da, gutten min. Ta godt vare på deg selv. Vær forsiktig. Jeg har forresten hørt at pikene i Stavanger er meget pene, og de vil nok forelske seg i en fremtidig overordnet innen oljebransjen. Ring snart!

en oljeby	city based on the oil industry
en mulighet	possibility
en karriere	career
en oljeindustri	oil industry
en mengde	numerous
en oljerigg	oil rig
en plattform	platform
Nordsjøen	the North Sea
et kontor	office
et firma	firm
en bransje	trade, line, branch
en stilling	position
fremtidens by	city of the future
et felt	field
et tillegg	addition
en oljeplattform	oil platform
en kontinentalsokkel	continental shelf
en utdannelse	education
en kontorjobb	office position
en adresse	address
en hovedstad	center, capital city
en utvinning	extraction
en oljeforekomst	occurrence of oil
en oljeboring	drilling for oil
en prøveproduksjon	trial production
en oljeprodusent	oil producer
et eventyr	fairy-tale
en biperson	minor character
en sak	case
en sokkel	shelf, plinth
en milliard	American billion
en gutt	boy
en installasjon	installation
et raffineri	refinery
en rørledning	pipeline

Norsk	English
en kunde	customer
en inntekt	income
en fordel	advantage
en oljeproduksjon	oil production
en industrigren	branch of industry
en forøkelse	increase
en økonomi	economy
en sysselsetting	employment
en oljeutvinning	oil extraction
et forsyningsskip	supply ship
en helhet	whole, entirety
en pike	girl
en kvadratkilometer	square kilometer
et kontorpersonale	office personnel
en overordnet	senior, superior
en oljebransje	oil business, oil trade
å skjønne	to understand
å skaffe	to procure
å ansette	to employ, to appoint
å slå på tråden	to telephone, to call
å vokse	to grow
å lyde	to sound
å fortelle	to tell
å bemanne	to man
å glemme	to forget
å forelske seg	to fall in love with
å melde	to report
rett som det er	suddenly, repeatedly
så og si	so to say
vestover	westward
realistisk	realistic
oljeholdig	containing oil
utenlandsk	foreign
årlig	annually
makeløs	incomparable
forresten	for the rest
snart	soon

fremtidig	future
såkalt	so-called
overmåte	extremely

EXERCISES

The following questions are to be answered by the student in Norwegian. For suggested answers, see the Appendix.

1. Why is Torbjørn Aslaksen leaving Oslo, where is he going, and what does he expect to do?
2. What does he say about the growing industry in Stavanger?
3. Where are most of the Norwegian oil-producing areas located?
4. What is the "continental shelf"?
5. Describe the early oil production in Norway.
6. How does Stavanger benefit from the oil industry?
7. How does Norway benefit from the oil industry?
8. What does Sigrid Aslaksen ask Torbjørn to do?
9. Which countries still surpass Norway as an oil producer?
10. Do all investments in the Norwegian oil industry originate in Norway?

CHAPTER 20

Great Explorers

Dialogue

*The story of humanity's journey covers the entire globe, making for both
an astounding and inspiring story. And Norwegians have played a significant
role in recent discoveries and achievements. Some of the biggest names among
world explorers are Roald Amundsen and Fridtjof Nansen, but there many
others. The following is a conversation between two university students, both
majoring in history and geography.*

Egil Nordseter: Det som har interessert meg mest i de siste
historietimene er hva vi hørte og har lest om en tidlig
oppdagelseshistorie, om de første menneskers ankomst til Norge.
Tidspunktet er kanskje litt uvisst, men de kom vel fra sør ved
slutten av den siste istid. Vi har også lest i Snorri Sturluson's
Heimskringla at nordmennene selv tidlig i Middelalderen
oppdaget og slo seg ned på Færøyene, Island, og Grønland.
Vikingene var jo oppdagere på sett og vis, og alle har hørt om
Leiv Eiriksson som oppdaget Amerika in året 1007. Det finnes jo
ruiner av nordisk bebyggelse fra den tid ved L'Anse aux Meadows
i Newfoundland. Men nå må vi ikke glemme en invasjon langt
nord i Norge av samer, eller lapper, som kom fra øst,
sannsynligvis Sibiria. Det må jo ha vært oppdagere blandt dem
som har funnet veien til det nordlige Norge, Sverige, og Finnland.

Kristen Solvang: Men det var først i de to siste århundrene at Norge har
fostret noen av de virkelig store oppdagelsesreisende. For å nevne
Christofer Columbus i denne forbindelse, så sies det jo at før
ferden i 1492 hadde han vært en tur på Island og har hørt om de
store land i vesten, og da skulle man tro at han hadde nordiske
menn blant mannskapene på sine tre skip. Men det første store
norske navn i tilknytning til oppdagelseshistorien er uten tvil

Fridtjof Nansen (1861-1930). I mange år imponerte han verden med sine reiser og oppdagelser i de arktiske egne. I 1888 gikk han med fem feller på ski tvers over Grønland. På en ekspedisjon i 1893 med skipet *Fram*, som nå kan ses på Bygdøy, kom han langt mot nord; han og Hjalmar Johansen forlot *Fram*, som da var nord for Sibiria-kysten, dro på ski nordover, og rakk 86° 4', det nordligste punkt nådd til den tid. Han ble siden Norges sendemann i London og en delegert til det nye Folkeforbundet. Etter Første Verdenskrig arbeidet han for å få sendt hjem de tusener av krigsfanger rundt om i landene. Han ble utnevnt til høykommissær av Folkeforbundet og gjorde en storslått innsats for å hjelpe flyktninger fra Hellas, Tyrkia, og Armenia. Han fikk Nobels Fredspris i 1922.

Egil Nordseter: Joda, Nansen er et lysende navn i Norgeshistorien. Men laurbærkransen som Norges ypperste oppdager går vel til Roald Amundsen (1872-1928). Hans første bragd var å fullføre, fra 1903 til 1906, en seilas gjennom Nordvestpassasjen, nord for Nord-Amerika. Han var den første til å nå Sydpolen, i 1911. En ferd med to fly, i 1925, rakk 87° nordlig bredde, men ekspedisjonen måtte returnere til Norge med det ene fly. I 1926 fløy han med luftskipet *Norge* fra Svalbard over Nordpolen til Alaska. Da italieneren Umberto Nobiles luftskip *Italia* var forulykket, i 1928, dro Amundsen med en fransk hjelpeekspedisjon, som endte som vrak i Nordishavet. Men vi har jo mange andre som fortjener å minnes. Carl Lumholtz var forsker i mange år i lite kjente deler av India, Borneo og Mexico. Og Thor Heyerdahl reiste med flåten *Kon-Tiki,* i 1947, tvers over Stillehavet fra Peru til en øy i Polynesia, i den hensikt å bevise at Stillehavsøyene var befolket fra Amerika. Han har også gjort vidstrakte reiser i Østen. Han er en underholdende skribent; hans bøker er oversatt til engelsk og mange andre språk og er uhyre fengslende lesning. Så det er ingen som kan si at vi ikke har mange menn å være stolt av!

en historietime	history instruction
en oppdagelseshistorie	history of exploration
et menneske	human being
en ankomst	arrival
et tidspunkt	point in time
en slutt	close, end
en istid	ice age
Middelalderen	Middle Ages
en oppdager	explorer, discoverer
Færøyene	the Faroe Islands
Island	Iceland
Grønland	Greenland
en ruin	ruin
en bebyggelse	built-up area
en invasjon	invasion
en same	Lapp, Sami
en lapp	Sami, Lapp
et århundre	century
en oppdagelsesreisende	explorer, discoverer
en forbindelse	connection
en ferd	expedition
en tur	trip
et mannskap	crew
en tilknytning	connection
en verden	world
en reise	trip, travel
en egn	region
Sibiria-kysten	the coasts of Siberia
en sendemann	ambassador, minister
en delegert	delegate
Folkeforbundet	The League of Nations
en krigsfange	prisoner of war
en høykommissær	high commissioner
en innsats	contribution
en flyktning	refugee

Hellas	Greece
en fredspris	prize for peace
en laurbærkrans	laurel wreath
en bragd	achievement
en seilas	sailing voyage
Nordvestpassasjen	the Northwest Passage
Sydpolen	the South Pole
et fly	airplane
en bredde	latitude
et luftskip	dirigible
en italiener	Italian
en hjelpeekspedisjon	relief expedition
et vrak	wreck
Nordishavet	the Arctic Ocean
en forsker	researcher
en flåte	raft
Stillehavet	the Pacific Ocean
en hensikt	purpose
en felle	companion
en skribent	writer
et språk	language
å fullføre	to complete
å fostre	to breed
å nå	to reach, gain, attain
å rekke, rakk, rukket	to reach
å forulykke	to suffer a mishap
å slå seg ned	to settle down
å minnes	to be remembered
å bevise	to prove
å befolke	to people, to populate
nordisk	Nordic
storslått	magnificent
lysende	bright, brilliant
ypperst	most outstanding
vidstrakt	extensive
underholdende	entertaining
uvisst	uncertain

uhyre	enormous, tremendous
kjent	known
fengslende	absorbing
på sett og vis	in a way
sannsynligvis	probably

EXERCISES

Please reply to the questions below in complete Norwegian sentences. For suggested replies, see the Appendix.

1. When did the first white settlers reach Norway?
2. What other group of people settled in Norway?
3. What can you tell us about the Vikings?
4. Who had the first big name in Nordic exploration history, and what did he do?
5. Describe the man who is Norway's greatest explorer.
6. What are some of the achievements of Fridtjof Nansen?
7. Why is the name Thor Heyerdahl so widely known?
8. Why is Columbus mentioned by Kristen Solvang?
9. Who was Carl Lumholtz and for what is he known?
10. Why did Amundsen in 1928 join a French relief expedition?

Replies in Norwegian

In the following section, the student will find suggested answers in Norwegian to the English-language questions in Chapters 1-20.

CHAPTER 1

1. Så vil jeg gjerne ønske deg god tur.
2. God morgen, or morn. God dag. God aften. Adjø da.
3. Det gleder meg å treffe Dem, fru Larsen.
4. Mange takk for innbydelsen.
5. Takk for lånet. Takk for maten. Takk for en hyggelig kveld. Takk for oss.
6. Han er syk men vil reise til Paris.
7. Han er på kontoret sitt, men vil treffe meg i forværelset.
8. Vigdis's leilighet er helt nydelig.
9. Gjestene sier farvel og takker for godt vertskap.
10. Vigdis synes å være en førsteklasses vertinne.

CHAPTER 2

1. Fru Pedersen spør om veien til Langgaten 37, og vil spasere dit.
2. De største severdigheter i Trondheim er domkirken og Den Tekniske Høyskolen.
3. Ellen har reist sydover for å se mange av Middelhavslandene, og synes at St. Peterskirken i Rom er i en særklasse.
4. Hun foreslår at fru Pedersen tar en utenlandstur.
5. Når man skal foreta en reise, bør man gå til et reisebyrå, hvor man får billetter og opplysninger om turen.
6. Motellene var svært behagelige og hotellene var fortrinlige. Hun sier ikke at hun foretrekker hoteller over moteller.

7. Fru Pedersen vil gjerne ta en reise men det koster både tid og penger.
8. Fru Pedersen reiste fra Oslo til Trondheim for å besøke sin venninne Ellen.
9. Han var stolt av byens rolle i Norgeshistorien og over dens mange severdigheter.
10. Fru Pedersen vil gjerne diskutere en reise til utlandet.

CHAPTER 3

1. Lisa synes å være meget begeistret over det hotellet hun bor i.
2. Arne er glad for å komme vekk fra jobben i sparebanken.
3. Lisa betaler to hundre kroner per døgn, men synes ikke at det er en overpris.
4. Lisa ville helst ha tatt inn på et hotell hvor alkoholholdige drikkevarer ikke var til salgs.
5. Lisa fikk et dobbeltværelse siden alle enkeltværelsene var opptatt.
6. Arne liker hotellet på grunn av den høflige betjeningen, prisene er lave, og maten er meget god.
7. Arne vil betale med sitt kredittkort, som ikke gjør det nødvendig for ham å ha mange kontanter på seg.
8. Lisa er av den formening at hotellet har et høyt renommé på grunn av lave priser, ingen støy fra gaten, prisene inkluderer frokost.
9. Hun vil gjerne besøke deler av det sørlige Norge, som hun og andre nordlendinger sjelden besøker.
10. Hun ser frem til å ta inn på moteller, pensjonater eller vertshus.

CHAPTER 4

1. Fru Eide ber ekspeditøren om å få en brosjyre over hennes reiserute og en liste over alle de naturseverdighetene hun vil reise forbi.

2. Ekspeditøren sier om toget hennes at vognene er meget bekvemme med egen spisevogn, og det har et nytt elektrisk lokomotiv.

3. Fru Eide sier at ekspeditøren har vært veldig forekommende og sier at hun er takknemlig for fin service.

4. Ekspeditøren forteller at toget vil gå gjennom Hallingdal og langs naturskjønne fjorder.

5. Fru Eide vil reise med båt fra Bergen til Newcastle og ta et fly på tilbakeveien.

6. Ekspeditøren sier at hun vil få en lys og pen lugar og at det er restaurant ombord.

7. Fru Eide er spesielt interessert i Englands mange historiske minnesmerker.

8. Fru Eide drar til Manchester for å se de historiske minnesmerkene.

9. Ekspeditøren sier at han håper at turen vil innfri alle hennes forventninger.

10. Fru Eide må gå gjennom tollen i England og kanskje betale en tollavgift.

CHAPTER 5

1. Anne vil gjerne spandere en middag på Aslak siden han har hatt henne i kosten og hun har også overtatt gjesteværelset hans.

2. Aslak foreslår at de går til en meget hyggelig og luksuriøs restaurant.

3. Aslak ber hovmesteren om å få et bord ved vinduet med utsikt over Karl Johan.

4. Aslak nevner at de har lammestek og kalvestek samt gås og forskjellige fiskeretter. De velger gås.

5. Hovmesteren byr dem velkommen og spør om de vil først sitte en stund ved baren eller ha et bord med én gang.

6. Etter middagen tar de en tur på Karl Johan, som sies å være godt for fordøyelsen.

7. Hovmesteren foreslår at de sitter en stund ved baren.

8. De velger ertesuppe og kransekake.
9. Anne bruker bare litt fløte i kaffen, men aldri sukker.
10. Det siste Aslak gjør er å betale regningen.

CHAPTER 6

1. Egil og Olav kjenner hverandre helt fra skoledagene.
2. Olav er en gårdbruker, som har mange slags husdyr og dyrker mange slags korn.
3. Olav vil vise Egil rundt på gården og vise ham alle bygningene.
4. Egil ga Olav et lite lommeur som minne om alle de dagene de kom for sent på skolen.
5. På Olavs gård dyrker de havre, bygg or rug.
6. På gården er det hester og kyr, griser og geiter og sauer, i tillegg til høns. Hestene trekker vogner, kyrne gir melk, og fra hønsene får de egg; fra grisene får de fin svinestek, og sauene gir dem ull.
7. På gården er det et våningshus samt en låve med både stall og fjøs.
8. En liten gård i fjellet kalles en seter, hvor dyr og mennesker tilbringer sommeren.
9. Dagens måltider er frokost, middag og aftensmat, hvor de ofte spiser smørbrød, kjøtt eller fisk og rømmegraut og gammelost.
10. På gården har de både ploger og såmaskiner samt innhøstningsmaskiner.

CHAPTER 7

1. Marie og Signy treffer hverandre i en forretning som heter Steen & Strøm.
2. Marie sier at forretningen har alt man trenger i dagliglivet, og Signy nevner også det store utvalget.
3. Marie har bestilt et nytt gulvteppe samt både sko, strømper og et skjørt til seg selv.

4. Signy har bestilt et nytt spisebord med stoler, en sofa, og en dobbeltseng til soveværelset.
5. Marie har bestilt en ny frakk med hansker og skjerf til mannen sin.
6. I Signys hjem er de glad i plommer, appelsiner, samt jordbær, tyttebær, og bringebær.
7. Maries gutt trenger skjorter, sko og bukser, og den lille datteren trenger nye bleier.
8. Signy vil gjerne handle i et bakeri og en kjøtthandel, samt en tobakksbutikk.
9. Signy og Marie er førsteklasses husmødre, siden de er flinke til å handle og alltid tenker på de andre familiemedlemmene.
10. Maries og Signys bestillinger viser at de begge lever bra på alle måter.

| CHAPTER 8 |

1. Gudrun gratulerer Asta på grunn av hennes bryllup og ønsker henne til lykke.
2. Hun har giftet seg.
3. Asta liker det nye huset og nevner haven med blomster og frukttrær og beskriver værelsene og kjøkkenet.
4. Huset har både et soveværelse og et gjesteværelse samt et kjøkken og stue med peis.
5. Kjelleren brukes og mest til oppbevaring.
6. I haven har hun syrener, tulipaner, stedmorsblomster og asters.
7. Asta sier at på loftet oppbevarer hun mange forskjellige ting.
8. En peis vil ikke bare oppvarme et rom men også være hyggelig å sitte ved.
9. Asta må én gang hver måned betale for lånet fra boligbanken.
10. Begge to liker den grønne plenen foran huset.

CHAPTER 9

1. En konservator er som oftest sjef for én eller alle samlingene på et museum.
2. Historisk Museum inneholder blant annet den velkjente Oldsaksamlingen.
3. De tre kjente kunstmuséene i Oslo er Nasjonalgalleriet, Munch Muséet, og Henie-Onstad Kunstsenteret.
4. Hjemmefrontmuséet, som er på Akershus, har meget å vise fra Norges kamp mot Nazistene under Annen Verdenskrig.
5. Norsk utvandring til Amerika er belyst i samlingene til Emigrantarkivet i Stavanger og Emigrantmuséet på Hamar.
6. Samene eller lappene bor i Nord-Skandinavia og er kjent for at de i stor utstrekning lever av reinhold.
7. Hansaen var en Nord-tysk gruppe som drev handel i hele Skandinavia.
8. De fleste bymuséer inneholder både materiale og utstillinger som belyser den enkelte bys historie.
9. Det store utendørsmuseum i Oslo, kjent som Vigelandsparken, inneholder en mengde av Vigelands imponerende skulpturer.
10. Både Roald Amundsens og Thor Heyerdahls navn bringer tanken hen på ekspedisjoner i øst og vest, nord og syd.

1. Det var hovedsakelig England, Irland og Frankrike som fikk besøk av norske vikinger som ikke bare ville handle men også ville røve og ta det de ville ha med makt. De sørlige landene prøvde å forsvare seg men måtte ofte gi tapt.
2. Blant de positive resultater av vikingenes reiser var kjennskap i nord til sivilasjonen i de andre europeiske land.

3.	Ruiner av bygninger reist av nordiske vikinger finnes ved L'Anse aux Meadows i Newfoundland.
4.	Kristendommen ble innført i Norge av kongene Olav Tryggvason og Olav Haraldsson rundt år 1000.
5.	Kalmar-unionen var en sammenslutning av de tre nordiske land med en fyrste som regjerte over alle tre.
6.	Reformasjonen var i Skandinavia basert på Luthers lære og ble innført av Kong Christian III i Danmark og Norge, i det sekstende århundre.
7.	Kongemakten i det syttende århundre var eneveldig men i dag er basert på demokrati.
8.	På Napoleonstiden var Danmark-Norge i krig med England og ved freden i Kiel ble Norge overført til Sverige. Men Norge erklærte sin uavhengighet, laget sin egen grunnlov, og gikk inn i en forening med Sverige.
9.	Den nye grunnloven av 1814 viser at Norge ble en demokratisk stat.
10.	Under Første Verdenskrig var Norge nøytralt men under Annen Verdenskrig ble landet angrepet av Tyskland og kom med i krigen på de alliertes side.

CHAPTER 11

1.	Man regner med tre hovedraser: den kaukasiske, den mongoloide, og den negroide.
2.	Den kaukasiske rase finnes for det meste i Europa, Amerika, Australia, og Syd-Afrika. Den mongoloide rase finnes i Asia og Amerika , og den negroide i Afrika og Amerika.
3.	Rasene er klassifisert av moderne vitenskapsmen i henhold til genenes hyppighet og de forskjellige blodgrupper.
4.	En skandinavisk folkegruppe som ikke har en kaukasisk bakgrunn er lappene eller samene, som for en stor del lever av reinhold i det nordlige Skandinavia.
5.	Nasjonalismen er en betegnelse for den overveiende vekt en folkegruppe tillegger nasjonens styrke og selvhevdelse.

6. Blant nasjonalstatene i Europa har vi Spania, Italia, Polen, og Grekenland.
7. Overdreven nasjonalisme er ikke av det gode, siden den ofte leder til fiendskap og liten harmoni nasjonene imellom.
8. Medlemmer av den mongoloide rase har ofte en bred ansikstform, samt en hudfold i hvert øye.
9. Østerrike-Ungarn ble delt etter Den Første Verdenskrig siden østerrikere og ungarer var vidt forskjellige folkegrupper, både historisk sett og av rasemessige grunner.
10. En nasjons minoriteter er i virkeligheten meget positive elementer, som kan tilføre nasjonen viktige og nye impulser både kulturelt og sosialt.

CHAPTER 12

1. Nils spurte Anne-Marie om hvordan hun hadde klart seg i den siste eksamenen, og hun svarte at det hadde gått bra.
2. Nils tar kurser ved Universitetet på Blindern, og han liker det veldig godt.
3. Nils driver også en del idrett, såsom golf og fotball.
4. Anne-Marie hadde tenkt å bli lærerinne.
5. Nils hadde hatt planer om å blir ingeniør og studere ved Den Tekniske Høyskolen i Trondheim, men nå planlegger han å bli geofysiker.
6. Den Internasjonale Sommerskolen ved Universitetet i Oslo bringer en mengde utenlandske studenter til Norge, hvor de lærer om norsk historie og kultur. De liker Norge og samkvem med studenter fra mange land.
7. Det Geofysiske Institutt er i Bergen, hvor det undervises i geofysikk, vitenskapen som utforsker den fysiske tilstand og de fysiske prosesser ikke bare i jorden men også i havene og atmosfæren.
8. Ved Universitetet i Oslo kan man studere mange forskjellige fag, såsom teology, historie, matematikk, kjemi, og mange andre.

9. Nordmenn er stolte av Universitetet i Oslo, siden studiene der leder til mange forskjellige yrker.
10. I Norge er det et utall av skoler og institutter som tilbyr studier og en høyere utdannelse i nær sagt alle yrker og profesjoner.

CHAPTER 13

1. Sven Ottosen ville gjerne diskutere med professor Iversen om hvilke fag han burde konsentrere seg om når han begynner på Universitetet.
2. De tre universitetene i Norge befinner seg i Oslo, Bergen, og Tromsø. Alle underviser i de fleste vitenskaper og tilbyr utdannelse som leder til stillinger i nær sagt alle profesjoner.
3. Blant ledende stillinger man får etter endt universitetsstudium er prest, matematiker, kjemiker, fysiker, osv.
4. Slike stillinger innbefatter formenn i alle slags fabrikker, selgere, og stillinger i reiselivet og på hoteller.
5. Andre yrker som ikke forutsetter en høyere utdannelse men allikevel er av største viktighet i et sivilisert samfunn, er skomakere og skreddere, lastebilsjåfører og lokomotivførere, osv.
6. Følelser av overlegenhet hører ikke hjemme i et yrke overfor et annet, siden alle er viktige i et sivilisert samfunn.
7. I de norske høyskoler blir man utdannet i landbruk, handelsfag og arkitektur, osv.
8. Ingeniørfag kan best studeres ved Den Tekniske Høyskolen i Trondheim.
9. Landbruksfag bør studeres ved Landbrukshøyskolen på Ås.
10. Alle slags yrker og deres utøvere fortjener en honnør.

CHAPTER 14

1. En ung mann burde være interessert i filateli, musikk, og sjakk.
2. En ung mann burde konsentrere seg på sjakkspillet.
3. Ved å være interessert i filateli, vil unge mennesker lære en god del av historie og geografi.
4. Å spille et musikalsk instrument vil på mange måter forskjønne ens liv.
5. Å lese bøker vil utvide ens intellektuelle horisont og øke ens viten og kunnskaper.
6. Å lære å danse er en meget positiv innflytelse på både legeme og sjel.
7. Skisporten er meget populær i Norge siden vinteren er lang med dyp sne. Ved å være med på skiturer, i utforrenn og hopprenn samt slalom kommer man ut i frisk luft og kan delta med venner og bekjente i en sport som har en meget gunstig innflytelse på ens helse og fysikk.
8. Fotball er en meget populær sport i Norge, siden en spiller må være både hurtig og kjapp samt tenke strategisk.
9. Både tennis og golf er idretter som resulterer i både god helse og kontroll over ens forskjellige legemsbevegelser.
10. Kvinner og unge piker deltar i de fleste av disse sportsgrener.

1. Ivar Skoglund er en skuespiller som synes å like livet i teatret, siden han ser frem til det neste skuespill han skal opptre i.
2. Skoglund har studert ved Teaterskolen i Oslo og Unni er nå en student der.
3. Unni liker oversatte skuespill siden, som hun sier, de bringer liksom hele verden rett innenfor dørene.

4. Unni liker spesielt Henrik Ibsens og Ludvig Holbergs skuespill.
5. Skoglund sier at full erkjentlighet må også gis til instruktører og folk som lager kulissene, samt teaterkritikerne.
6. De best kjente teatrene i Norge er Nationaltheatret i Oslo, Den Nationale Scene i Bergen, Rogaland Teater i Stavanger og Trøndelag Teater i Trondheim.
7. Unni liker de klassiske greske skuespill og forfattere som Sofokles og Aristofanes.
8. Norsk filmindustri er for oppadgående med 6-8 nye filmer hvert år.
9. Unni går ofte på kino siden hun vil holde seg à jour med nye norske filmer som er, som hun sier, av stor interesse og høy kvalitet.
10. Fjernsynet er svært populært blant det norske publikum. Det er regelmessige daglige utsendelser, og norske hjem er godt forsynt med fjernsynsapparater.

CHAPTER 16

1. En litteraturanmelders inntekt er for det meste basert på anmeldelser av nye bøker i tidsskrifter og aviser.
2. Lesere i våre dager finner det vanskelig eller helt umulig å lese de gamle nordiske sagaer på originals pråket siden de nordiske språk har utviklet seg betraktelig siden den tid. Av den grunn er alle de gamle sagaene oversatt til moderne språk.
3. Ludvig Holberg skrev komedier som oppføres på scenen den dag i dag.
4. Det nittende århundre fremviser to store perioder innen litteraturen: nasjonalromantikken og realismen. Bøker som kom ut i de årene viser tydelige trekk som kan sies å være enten romantiske eller realistiske.
5. De fire store, Henrik Ibsen, Bjørnstjerne Bjørnson, Jonas Lie og Alexander Kielland, raker høyt over

samtidens norske forfattere og kaster glans over
norsk litteratur.
6. Nobelprisen for Litteratur er blitt gitt til Knut
Hamsun og Sigrid Undset. Hamsun har skrevet
romaner hvis handling finner sted i samtiden; Sigrid
Undset er best kjent for sine middelalderromaner.
7. Folkeeventyrene eksisterte i århundrer bare på
folkemunne. De ble samlet og nedskrevet av P. Chr.
Asbjørnsen og Jørgen Moe.
8. Noen av de best kjente forfattere i vår tid er Johan
Falkberget, Sigurd Hoel, Johan Borgen, og Vera
Henriksen.
9. Blant de meste kjente lyriske diktere i vår tid vil vi
nevne Herman Wildenvey, Arnulf Øverland, og Olaf Bull.
10. Norge har en mengde aviser og tidsskrifter. Avisene
bringer ikke bare nyhetsstoff men også leseverdige
artikler om kultur, osv. Tidsskriftene inneholder artikler
og fortellinger som ofte kan klassifiseres som litteratur.

CHAPTER 17

1. I Middelalderen var det nærmest folkemusikk og sanger
og ballader som representerte musikklivet på den tid.
2. Den norske nasjonalsang heter *Ja, vi elsker*, skrevet av
Bjørnstjerne Bjørnson og komponert av Rikard Nordraak.
3. Den norske fedrelandssangen har ikke meget med krig å
gjøre, i motsetning til *Star-Spangled Banner*.
4. Norges største og mest kjente komponist er Edvard Grieg,
hvis musikalske verker spilles i mange land verden over.
5. Kirsten Flagstad ble verdensberømt for sin sang i mange
operaer komponert av Richard Wagner.
6. Kirsten Flagstad ble sjef for Den Norske Opera.
7. De fleste norske skoler har sine egne sangkor og
musikkorps.
8. De mest populære musikkinstrumenter er uten tvil piano
og fiolin.

9. Alle som vil ha musikken som levebrød bør ta privatundervisning og ikke glemme daglige øvelser.
10. Kjente norsk komponister før Griegs tid er Rikard Nordraak og Halfdan Kjerulf.

CHAPTER 18

1. Per har vært til sjøs, og var jungmann på en lastebåt.
2. Per synes å beundre den norske handelsflåten siden den er så vidstrakt på verdenshavene.
3. Den norske handelsflåten består for en stor del av tankskip og alminnnelige lastebåter.
4. Per vil studere ved Sjømannsskolen og med tiden bli en styrmann og skipper.
5. Når sjømenn får ferie, reiser de hjem til Norge.
6. Ole er mest interessert i de mange fine norske cruiseskipene som er sjelden hjemme i Norge.
7. Per fikk anledning til å kikke på alle severdighetene i de havner og land han kom til.
8. Ole sier at den norske handelsflåten er blant de største i verden, med over tusen skip.
9. Per sier at han føler seg som en fullbefaren sjøulk.
10. Per har lært å kjenne store deler av Asia samt England.

CHAPTER 19

1. Torbjørn Aslaksen skal reise vestover til Stavanger for å søke en stilling innen oljeindustrien.
2. Han sier at Stavanger er fremtidens by hvor de trenger en masse folk innen oljeindustrien.
3. De fleste norske oljeforekomster er å finne i Nordsjøen, vest for det norske fastlandet.
4. Den norske kontinentalsokkelen ligger vest for fastlandet og er en brem med grunt vann og oljeholdig innhold.
5. De første norske oljeboringene i Nordsjøen fant sted i 1966 og de første funn ble gjort i 1968.

6. Stavanger er blitt et oljesenter hvor tusener har fått arbeid som igjen skaffer byen store inntekter ved skatter, osv.

7. Norge drar fordel av oljeindustrien ved skatter og avgifter samt salg av olje og gass ved Statoil, den offentlige organisasjonen som fører tilsyn med den norske oljeindustrien.

8. Sigrid Aslaksen ber Torbjørn ta godt vare på seg selv og være forsiktig.

9. Både Russland og Saudi-Arabia produserer mer olje enn Norge.

10. Amerikanske firmaer har investert store beløp i den norske oljeindustrien.

CHAPTER 20

1. Det sies at de første mennesker kom til Norge ved slutten av den siste istid.

2. Den andre folkegruppen som slo seg ned i Norge var lappene eller samene.

3. Vikingene dro på hærferd til det sydlige Europa og kan sies å ha vært både røvere og oppdagere.

4. Leiv Eiriksson kan sies å ha vært en stor oppdager, siden han var den første hvite mann som gikk i land i Amerika.

5. Norges største oppdager var uten tvil Roald Amundsen, som var den første til å seile gjennom Nordvestpassasjen og var første mann på Sydpolen.

6. Fridtjof Nansen gikk på ski over Grønland og med skipet *Fram* satte han en datids rekord ved å nå 86° 4' nordlig bredde.

7. Thor Heyerdahl har reist med flåten *Kon-Tiki* fra Peru til Polynesia for å bevise at Stillehavsøyene var befolket fra Amerika.

8. Columbus sies å ha besøkt Island før reisen i 1492 og ble der bekreftet i ideen om at det var land å finne hvis man reiste vestover.

9. Carl Lumholtz var en forsker som i mange år undersøkte lite kjente deler av India, Borneo, og Mexico.

10. Amundsen gikk med en fransk hjelpeekspedisjon for å redde den forulykkede italienske ekspedisjonen som var ledet av Nobile.

Review of Important Vocabulary

PEOPLE AND THEIR ACTIVITIES

en mann, menn, mennene	man
en kvinne	woman
en gutt	boy
en pike	girl
ei jente	girl
et barn, barn, barna	child
en nevø	nephew
en niese	niece
en mor, mødre, mødrene	mother
en far, fedre, fedrene	father
en bestefar	grandfather
en bestemor	grandmother
en oldefar	great-grandfather
en oldemor	great-grandmother
en onkel	uncle
en tante	aunt
en stefar	stepfather
en stemor	stepmother
en søster	sister
en bror	brother
et stebarn	stepchild
en stesøster	stepsister
en stesønn	stepson
en kjole	dress
en dress	suit (for men)
en drakt	dress, a suit
en kåpe	coat (for women)
en frakk	overcoat (for men)
et slips	necktie
en håndveske	handbag
en skjorte	shirt

en bukse	pair of trousers
en underbukse	pair of underpants
en strømpe	stocking, sock
en sko	shoe
en hanske	glove
en hatt	hat
en paraply	umbrella
en støvel, støvler, støvlene	boot
et smykke	trinket, jewelry
en handelsmann	trader, shopkeeper
en skomaker	shoemaker
en skredder	tailor
et postbud	mail carrier
en kontorist	office worker
en bokholder	bookkeeper
en megler	broker
en los	pilot
en styrmann	mate, first officer
en tannlege	dentist
en doktor	doctor, physician
en kelner	waiter
en hovmester	head waiter
en kasserer	cashier
en kokk	cook
en sjåfør	chauffeur
en sakfører	lawyer
en advokat	attorney-at-law
en dommer	judge
en gårdbruker	farmer
en maskinist	machinist
en kaptein	captain, skipper
en sjømann	seaman
en matros	able seaman
en rørlegger	plumber
en snekker	carpenter
en trikkekonduktør	streetcar conductor
en disponent	manager

en instruktør	instructor
en direktør	managing director
en professor	professor
en lektor	lecturer
en himmel	heaven
en prest	minister
en pastor	pastor
en kirke	church
et alter	altar
en prekestol	pulpit
en skole	school
en lærer	teacher (male)
en lærerinne	teacher (female)
et land	country
en verdensdel	continent
en nasjon	nation

Irregular Verb Review

In the listing below, all irregular verbs are alphabetized by their infinitive forms, followed by the English equivalents, their present tense, past tense, and perfect tense. The future tense will in all cases be the same as the infinitive preceded by **skal** or **vil**.

Infinitive	Present Tense	Past Tense	Perfect Tense
anbringe *to place*	anbringer	anbragte	har anbragt
angi *to state, declare*	angir	anga	har angitt
angripe *to attack*	angriper	angrep	har angrepet
ankomme *to arrive*	ankommer	ankom	har ankommet
anlegge *to build*	anlegger	anla	har anlagt
ansette *to appoint*	ansetter	ansatte	har ansatt
anslå *to estimate*	anslår	anslo	har anslått
anta *to suppose*	antar	antok	har antatt
avbryte *to interrupt*	avbryter	avbrøt	har avbrutt
avgå *to leave*	avgår	avgikk	har avgått
be *to ask*	ber	ba	har bedt
bedra *to deceive*	bedrar	bedro	har bedratt
beskjære *to trim*	beskjærer	beskar	har beskåret
beskrive *to describe*	beskriver	beskrev	har beskrevet
bestå *to exist*	består	besto	har bestått

bidra *to contribute*	bidrar	bidro	har bidratt
binde *to bind*	binder	bandt	har bundet
bistå *to assist*	bistår	bisto	har bistått
bite *to bite*	biter	bet	har bitt
bli *to be, become*	blir	ble	har blitt
blø *to bleed*	blør	blødde	har blødd
bo *to live*	bor	bodde	har bodd
brekke *to break*	brekker	brakk	har brukket
brenne *to burn*	brenner	brant	har brent
bry *to trouble*	bryr	brydde	har brydd
bryte *to break*	bryter	brøt	har brutt
by *to command*	byr	bød	har budt
bære *to carry*	bærer	bar	har båret
dra *to pull*	drar	dro	har dratt
drikke *to drink*	drikker	drakk	har drukket
drive *to carry on*	driver	drev	har drevet
dø *to die*	dør	døde	har dødd
ete *to eat*	eter	åt	har ett
finne *to find*	finner	fant	har funnet
fly *to fly*	flyver	fløy	har fløyet

flyte *to float*	flyter	fløt	har flytt
forby *to forbid*	forbyr	forbød	har forbudt
foreta *to undertake*	foretar	foretok	har foretatt
forlate *to abandon*	forlater	forlot	har forlatt
forsvinne *to disappear*	forsvinner	forsvant	har forsvunnet
fortelle *to tell*	forteller	fortalte	har fortalt
fremgå *to appear*	fremgår	fremgikk	har fremgått
fryse *to freeze*	fryser	frøs	har frosset
fyke *to drift*	fyker	føk	har føket
følge *to follow*	følger	fulgte	har fulgt
få *to get*	får	fikk	har fått
gi *to give*	gir	ga	har gitt
gjenta *to repeat*	gjentar	gjentok	har gjentatt
gjøre *to do*	gjør	gjorde	har gjort
gni *to rub*	gnir	gned	har gnidd
godta *to accept*	godtar	godtok	har godtatt
gripe *to seize*	griper	grep	har grepet
gråte *to weep*	gråter	gråt	har grått
gå *to walk*	går	gikk	har gått
henge *to hang*	henger	hang	har hengt

hjelpe *to help*	hjelper	hjalp	har hjulpet
holde *to hold*	holder	holdt	har holdt
iaktta *to observe*	iakttar	iakttok	har iakttatt
imøtegå *to oppose*	imøtegår	imøtegikk	har imøtegått
innby *to invite*	innbyr	innbød	har innbudt
irettesette *to rebuke*	irettesetter	irettesatte	har irettesatt
iscenesetter *to stage*	iscenesetter	iscenesatte	har iscenesatt
iverksette *to effectuate*	iverksetter	iverksatte	har iverksatt
knekke *to break*	knekker	knakk	har knekket
komme *to come*	kommer	kom	har kommet
krype *to creep*	kryper	krøp	har krøpet
kunne *to be able*	kan	kunne	har kunnet
la *to let*	lar	lot	har latt
legge *to place*	legger	la	har lagt
ligge *to lie*	ligger	lå	har ligget
lyve *to lie*	lyver	løy	har løyet
løpe *to run*	løper	løp	har løpt
målbinde *to silence*	målbinder	målbandt	har målbundet
nedlate *to condescend*	nedlater	nedlot	har nedlatt
nyse *to sneeze*	nyser	nøs	har nyst

nyte *to enjoy*	nyter	nøt	har nytt
omsette *to sell*	omsetter	omsatte	har omsatt
omskjære *to circumcise*	omskjærer	omskar	har omskåret
omskrive *to paraphrase*	omskriver	omskrev	har omskrevet
oppdra *to bring up*	oppdrar	oppdro	har opdratt
oppfinne *to invent*	oppfinner	oppfant	har oppfunnet
oppgi *to give up, to state*	oppgir	oppga	har oppgitt
oppstå *to arise*	oppstår	oppsto	har oppstått
oppta *to occupy*	opptar	opptok	har opptatt
opptre *to appear*	opptrer	opptråtte	har opptrått
overbringe *to deliver*	overbringer	overbragte	har overbragt
overdra *to transfer*	overdrar	overdro	har overdratt
overgi *to leave*	overgir	overga	har overgitt
overgå *to exceed*	overgår	overgikk	har overgått
overlate *to hand over*	overlater	overlot	har overlatt
overstige *to surpass*	overstiger	oversteg	har oversteget
overta *to take over*	overtar	overtok	har overtatt
overtreffe *to exceed*	overtreffer	overtraff	har overtruffet
overvinne *to defeat*	overvinner	overvant	har overvunnet
pipe *to pipe*	piper	pep	har pepet

planleggge	planlegger	planla	har planlagt
to plan			
pålegge	pålegger	påla	har pålagt
to impose			
påse	påser	påså	har påsett
to see to it			
påstå	påstår	påsto	har påstått
to maintain			
rekke	rekker	rakk	har rukket
to reach			
ri	rider	red	har ridd
to ride			
rive	river	rev	har revet
to tear			
ryke	ryker	røk	har røkt
to snap, to smoke			
se	ser	så	har sett
to see			
selge	selger	solgte	har solgt
to sell			
senke	senker	senkte	har senkt
to lower			
sette	setter	satte	har satt
to place			
sitte	sitter	satt	har sittet
to sit			
skattlegge	skattlegger	skattla	har skattlagt
to tax			
skjelve	skjelver	skalv	har skjelvet
to resemble			
skjære	skjærer	skar	har skåret
to cut			
skrike	skriker	skrek	har skreket
to cry			
skrive	skriver	skrev	har skrevet
to write			
skyte	skyter	skjøt	har skutt
to shoot			
skyve	skyver	skjøv	har skjøvet
to push			

slippe *to drop*	slipper	slapp	har sluppet
slå *to beat*	slår	slo	har slått
slåss *to fight*	slåss	sloss	har slåss
smelle *to crack*	smeller	smalt	har smelt
snike *to sneak*	sniker	snek	har sneket
snyte *to cheat*	snyter	snøt	har snytt
sove *to sleep*	sover	sov	har sovet
spinne *to spin*	spinner	spant	har spunnet
sprekke *to burst*	sprekker	sprakk	har sprukket
springe *to leap*	springer	sprang	har sprunget
stikke *to sting*	stikker	stakk	har stukket
stjele *to steal*	stjeler	stjal	har stjålet
strekke *to stretch*	strekker	strakk	har strukket
stryke *to iron*	stryke	strøk	har strøket
stå *to stand*	står	sto	har stått
svinne *to vanish*	svinner	svant	har svunnet
synge *to sing*	synger	sang	har sunget
synke *to sink*	synker	sank	har sunket
ta *to take*	tar	tok	har tatt
tilbe *to worship*	tilber	tilba	har tilbedt

tilgi *to forgive*	tilgir	tilga	har tilgitt
tilstå *to confess*	tilstår	tilsto	har tilstått
tilta *to increase*	tiltar	tiltok	har tiltatt
treffe *to meet*	treffer	traff	har truffet
trekke *to pull*	trekker	trakk	har trukket
tvinge *to force*	tvinger	tvang	har tvunget
utelate *to leave out*	utelater	utelot	har utelatt
utgi *to publish*	utgir	utga	har utgitt
utskrive *to levy*	utskriver	utskrev	har utskrevet
utstå *to endure*	utstår	utsto	har utstått
utvinne *to extract*	utvinner	utvant	har utvunnet
vedgå *to admit*	vedgår	vedgikk	har vedgått
vedta *to adopt*	vedtar	vedtok	har vedtatt
velge *to choose*	velger	valgte	har valgt
vinne *to win*	vinner	vant	har vunnet
vite *to know*	vet	visste	har visst
være *to be*	er	var	har vært
ødelegge *to destroy*	ødelegger	ødela	har ødelagt

*The Perfect Companion
for Student or Traveler . . .*

NORWEGIAN-ENGLISH/
ENGLISH-NORWEGIAN DICTIONARY
REVISED NEW EDITION
Egill Daae Gabrielsen

Filling the needs for a practical and handy pocket dictionary for both the student of Norwegian and tourists as well. Ample information about the gender of Norwegian nouns is included in the English-Norwegian section. This dictionary notes the three genders of Norwegian nouns: masculine, feminine and neuter. At the end of the Norwegian-English section an appendix lists neuter gender nouns. All nouns not mentioned are common gender.

*5,000 entries • 600 pages • 3 5/8 x 5 3/8
0-7818-0199-0 • $14.95pb*

Now in its fourth printing!

(All prices subject to change.)
TO PURCHASE HIPPOCRENE BOOKS contact your local bookstore, or write to: HIPPOCRENE BOOKS, 171 Madison Avenue, New York, NY 10016. Please enclose check or money order, adding $5.00 shipping (UPS) for the first book and $.50 for each additional book.

Hippocrene Books . . .

SCANDINAVIAN INTEREST LIBRARY

**DANISH-ENGLISH/
ENGLISH-DANISH PRACTICAL DICTIONARY**
Marianne Holmen
32,000 entries • 601 pages • 4 3/8 x 7
0-87052-910-2 • $11.95 pb (361)

**ICELANDIC-ENGLISH/
ENGLISH-ICELANDIC CONCISE DICTIONARY**
Revised Edition
Arnold R. Taylor
10,000 entries • 384 pages • 4 x 6
0-87052-801-7 • $8.95 pb (147)

**SWEDISH-ENGLISH/
ENGLISH-SWEDISH STANDARD DICTIONARY**
Vincent Petti & Kerstin Petti
70,000 entries • 804 pages • 5 1/2 x 8 1/2
0-7818-0379-9 • $19.95 pb (242)

SWEDISH HANDY DICTIONARY
120 pages • 5 x 7 3/4
0-87052-054-7 • $8.95 pb (345)

FINNISH INTEREST LIBRARY

**FINNISH-ENGLISH/
ENGLISH-FINNISH CONCISE DICTIONARY**
Aino Wuolle
12,000 entries • 411 pages • 3 1/2 x 4 3/4
0-78052-813-0 • $8.95 pb (142)

**FINNISH-ENGLISH
COMPREHENSIVE DICTIONARY**
Raija Hurme Riitta & Leena Malin Olli Syväoja
8,000 entries • 793 pages • 5 1/2 x 8 1/2
0-7818-0380-2 • $24.95 pb (142)

MASTERING FINNISH
Borge Vähämäki
278 pages • 5 1/2 x 8 1/2
0-7818-0233-4 • $14.95 pb (184)
2 cassettes:
0-7818-0265-2 • $12.95 pb (231)

TREASURY OF FINNISH LOVE
Edited by Borge Vähämäki
128 pages • 5 x 7
0-7818-0397-7 • $11.95 cloth (118)

THE HIPPOCRENE MASTERING SERIES

MASTERING ARABIC
Jane Wightwick and Mahmoud Gaafar
320 pages, 5 1/2 x 8 1/2
0-87052-922-6 $14.95pb
2 Cassettes
 0-87052-984-6 $12.95
Book and Cassettes Package
0-87052-140-3 $27.90

MASTERING FINNISH
Börje Vähämäki
278 pages, 5 1/2 x 8 1/2
0-7818-0233-4 $14.95pb
2 Cassettes
0-7818-0265-2 $12.95
Book and Cassettes Package
0-7818-0266-0 $27.90

MASTERING FRENCH
E.J. Neather
288 pages, 5 1/2 x 8 1/2
0-87052-055-5 $11.95pb
2 Cassettes
0-87052-060-1 $12.95
Book and Cassettes Package
0-87052-136-5 $24.90

MASTERING GERMAN
A.J. Peck
340 pages, 5 1/2 x 8 1/2
0-87052-056-3 $11.95pb
2 Cassettes
0-87052-061-X $12.95
Book and Cassettes Package
0-87052-137-3 $24.90

MASTERING ADVANCED GERMAN
278 pages, 5 1/2 x 8 1/2
0-7818-0331-4 $14.95pb
2 Casettes
0-7818-0332-2 $12.95
Book and Cassettes Package
0-7818-0348-9 $27.90

MASTERING ITALIAN
N. Messora
360 pages, 5 1/2 x 8 1/2
0-87052-057-1 $11.95pb
2 Cassettes
0-87052-066-0 $12.95
Book and Cassettes Package
0-87052-138-1 $24.90

MASTERING ADVANCED ITALIAN
278 pages, 5 1/2 x 8 1/2
0-7818-0333-0 $14.95
2 Cassettes
0-7818-0334-9 $12.95
Book and Cassettes Package
0-7818-0349-7 $27.90

MASTERING JAPANESE
Harry Guest
368 pages, 5 1/2 x 8 1/2
0-87052-923-4 $14.95pb
2 Cassettes
0-87052-938-8 $12.95
Book and Cassettes Package
0-87052-141-1 $27.90

MASTERING POLISH
Albert Juszczak
288 pages, 5 1/2 x 8 1/2
0-7818-0015-3 $14.95pb
2 Cassettes
0-7818-0016-3 $12.95
Book and Cassettes Package
0-7818-0017-X $27.90

MASTERING RUSSIAN
Erika Haber
278 pages, 5 1/2 x 8 1/2
0-7818-0270-9 $14.95
2 Cassettes
0-7818-0270-9 $12.95
Book and Cassettes Package
0-7818-0272-5 $27.90

MASTERING SPANISH
Robert Clarke
338 pages, 5 1/2 x 8 1/2
0-87052-059-8 $11.95pb
2 Cassettes
0-87052-067-9 $12.95
Book and Cassettes Package
0-87052-139-X $24.90

**MASTERING   ADVANCED
SPANISH**
Robert Clarke
300 pages, 5 1/2 x 8 1/2
30 b/w photos
0-7818-0081-1   14.95pb
2 Cassettes
0-7818-0089-7 $12.95
Book and Cassettes Package
0-7818-0090-0 $27.90

In praise of the Mastering Series:
• "Truly the best book of its kind."

• "Your book is truly remarkable, and you are to be congratulated."
  —a field editor for college textbooks.

All prices subject to change.

TO PURCHASE HIPPOCRENE BOOKS contact your local bookstore, or write to: HIPPOCRENE BOOKS, 171 Madison Avenue, New York, NY 10016. Please enclose check or money order, adding $5.00 shipping (UPS) for the first book and $.50 for each additional book.

Hippocrene introduces . . .

BILINGUAL LOVE POETRY

The newest additions to Hippocrene's bilingual series are filled with romantic imagery and philosophical musings. These beautiful collections provide a glimpse of each culture's unique approach to affairs of the heart and cover such subjects as eternal love, unrequited love, pain, and parting. Readings of the selections, performed by native speakers, are available on cassettes as an accompaniment to each volume (approximate running time: 2 hours)

**Treasury of Finnish Love
Poems, Quotations and Proverbs**
Borje Vahamaki, editor & translator
128 pages, 5 x 7 0-7818-0397-7
(118) $11.95 cloth

**Treasury of French Love
Poems, Quotations, and Proverbs**
*Richard A. Branyon, editor &
translator*
128 pages, 5 x 7 0-7818-0307-1
(344) $11.95 cloth
Audiobook:
0-7818-0259-4
(580) $12.95

**Treasury of German Love
Poems, Quotations, and Proverbs**
Almut Hille, editor
128 pages, 5 x 7 0-7818-0296-2
(180) $11.95 cloth
Audiobook:
0-7818-0360-8
(577) $12.95

**Treasury of Italian Love
Poems, Quotations and Proverbs**
Richard Branyon, editor & translator
128 pages, 5 x 7 0-7818-0352-7
(587) $11.95 cloth
Audiobook:
0-7818-366-7
(581) $12.95 cloth

**Treasury of Jewish Love
Poems, Quotations, and Proverbs**
David Gross, editor
128 pages, 5 x 7 0-7818-0308-X
(346) $11.95 cloth
Audiobook:
0-7818-0363-2
(579) $12.95

**Treasury of Polish Love
Poems, Quotations, and Proverbs**
*Miroslaw Lipinski, editor &
translator*
128 pages, 5 x 7 0-7818-0397-0
Audiobook:
0-7818-0361-6
(576) $12.95

Treasury of Roman Love
Poems, Quotations, and Proverbs
*Richard A. Branyon, editor &
translator*
128 pages, 5 x 7 0-7818-0309-8
(348) $11.95 cloth

Treasury of Spanish Love
Poems, Quotations, and Proverbs
Juan and Susan Serrano, editors
128 pages, 5 x 7 0-7818-0358-6
(589) $11.95 cloth
Audiobook:
0-7818-0365-9
(584) $12.95

Treasury of Russian Love
Poems, Quotations, and Proverbs
Victorya Andreyeva, editor
128 pages, 5 x 7 0-7818-0298-9
(591) $11.95 cloth
Audiobook:
0-7818-0364-0
(586) $12.95

(All prices subject to change.)

TO PURCHASE HIPPOCRENE BOOKS contact your local bookstore, or write to:
HIPPOCRENE BOOKS, 171 Madison Avenue, New York, NY 10016. Please enclose
check or money order, adding $5.00 shipping (UPS) for the first book and $.50 for
each additional book.

HIPPOCRENE FOREIGN LANGUAGE
DICTIONARIES
Modern ● Up-to-Date ● Easy-to-Use ● Practical

Afrikaans-English/English-Afrikaans
Practical Dictionary
134   ISBN 0-7818-0052-8 $22.95 pb

Albanian-English Standard Dictionary
0293   ISBN 0-87052-077-6 $14.95 pb

Amharic-English/English-Amharic Dictionary
75   ISBN 0-7818-0115-X $40.00

Arabic-English/English-Arabic Standard Dictionary
0195   ISBN 0-7818-0383-7 $24.95 pb

Armenian Dictionary in Transliteration (Western)
0059   ISBN 0-7818-0207-5 $11.95 pb

Assamese Self-Taught
100   ISBN0-7818-0223-7 $7.95 pb

English-Azerbaijani/Azerbaijani-English
0096   ISBN 0-7818-0244-X $14.95 pb

Bengali-English Dictionary
177   ISBN 0-7818-0372-1 $28.95

Bosnian-English/English-Bosnian Concise Dictionary
0329   ISBN 0-7818-276-8 $141.95 pb

Bulgarian-English/English-Bulgarian Practical Dictionary
0331   ISBN 0-87052-145-4 $11.95 pb

Practical Myanmar
310   ISBN 0-7818-0403-5 $9.95 pb

Byelorussian-English/English-Byelorussian Concise Dictionary
0395   ISBN 0-87052-114-4 $9.95 pb

Cambodian-English/English-Cambodian Standard Dictionary
0143   ISBN 0-87052-818-1 $16.95 pb

Classified and Illustrated Chinese-English Dictionary (Mandarin)
0027   ISBN 0-87052-714-2 $19.95 hc

English-Chinese Pocket Pinyan Dictionary
509   ISBN 0-78180427-2 $19.95 pb

Dutch-English/English-Dutch Concise Dictionary
0361   ISBN 0-87052-910-2 $11.95 pb

Handbook of Egyptian Hieroglyphs
384   ISBN 0-87052-102-0 $16.95 pb

Beginner's Esperanto
51   ISBN 0-7818-0230-X $14.95 pb

French-English/English-French Practical Dictionary
0199   ISBN 0-7818-0178-8 $8.95 pb

Fulani-English Practical Dictionary
38   ISBN 0-7818-0404-3 $14.95 pb

Georgian-English/English-Georgian Concise Dictionary
0392   ISBN 0-87052-121-7 $8.95 pb

Greek Basic Course
461   ISBN 0-7818-0167-2 $14.95 pb

Learn Gujarati
208   ISBN 0-7818-0057-9 $7.95 pb

English-Hebrew/Hebrew English Conversational Dictionary
(Revised Edition)
0257   ISBN 0-7818-0137-1 $8.95 pb

Hindi-English/English-Hindi Practical Dictionary
0442   ISBN 0-7818-0084-6 $16.95 pb

Indonesian-English/English-Indonesian Practical Dictionary
0127   ISBN 0-87052-810-6   *$11.95 pb*

Irish-English/English-Irish Dictionary and Phrasebook
0385   ISBN 0-87052-110-1   *$7.95 pb*

Italian-English/English-Italian Practical Dictionary
0201   ISBN 0-7818-0354-3   *$9.95 pb*

Japanese-English/English-Japanese Concise Dictionary
0474   ISBN 0-7818-0162-1   *$11.95 pb*

Learn Kannada (Kanarese)
122   ISBN 0-78180177-X   *$7.95 pb*

Intensive Course in Kashmiri
129   ISBN 0-7818-0176-1   *$18.95*

Konkani Language
220   ISBN 0-7818-0356-X   *$9.95*

Korean-English/English-Korean Dictionary
0339   ISBN 0-87052-092-X   *$11.95 pb*

Kurdish-English/English-Kurdish Dictionary
0218   ISBN 0-7818-0246-6   *$11.95 pb*

Lao Basic Course
248   ISBN 0-7818-0410-8   *$19.95 pb*

Latin Phrases and Quotations
221   ISBN 0-7818-0260-1   *$11.95 pb*

Latvian-English/English-Latvian Dictionary
0194   ISBN 0-7818-0059-5   *$16.95 pb*

Lithuanian-English/English-Lithuanian Concise Dictionary
0489   ISBN 0-7818-0151-6   *$14.95 pb*

Malay-English/English-Malay Dictionary
0428   ISBN 0-7818-0103-6   *$16.95 pb*

Colloquial Navajo: A Dictionary
282   ISBN 0-7818-0278-4 $16.95

Nepali-English/English Nepali Concise Dictionary
0398   ISBN 0-87052-106-3 $8.95 pb

Learn Oriya
127   ISBN 0-7818-182-6 $7.95 pb

Persian-English Dictionary
0350   ISBN 0-7818-0055-2 $16.95 pb

Pilipino-English/English-Pilipino Concise Dictionary
0393   ISBN 0-87052-491-7 $8.95

Polish Highlander-Polish-English Dictionary
0297   ISBN 0-7818-0303-9 $11.95

Polish-English/English-Polish Concise Dictionary
0268   ISBN 0-7818-0133-8 $8.95 pb

Portugese-English/English-Portugese Dictionary
0477   ISBN 0-87052-980-3 $16.95 pb

English-Punjabi Dictionary
0144   ISBN 0-7818-0105-2 $14.95 hc

The Modern Pushtu Instructor
174   ISBN 0-7818-0204-0 $22.95

Romanian-English/English-Romanian Dictionary
0488   ISBN 0-87052-986-2 $19.95 pb

Russian-English/English-Russian Standard Dictionary with Business Terms
0322 ISBN 0-7818-0280-6 $16.95 pb

Concise Sanskrit-English Dictiontary
0164   ISBN 0-7818-0203-2 $14.95 pb

Scottish Gaelic-English/English-Scottish Gaelic
0285   ISBN 0-7818-0316-0 $8.95 pb

Serbian-English/English-Serbian Concise Dictionary
0326   ISBN 0-7818-0304-7 $14.95 pb

Understanding Everyday Sesotho
333   ISBN 0-7818-0305-5 $16.95 pb

Popular Northern Sotho Dictionary
64   ISBN 0-7818-0392-6 $14.95 pb

English-Sinhalese/Sinhalese-English Dictionary
0319   ISBN 0-7818-0219-9 $24.95 hc

Intensive Course in Sindhi
455   ISBN 0-7818-0389-6 $29.95 hc

Slovene-English/English-Slovene Modern Dictionary
0019   ISBN 0-7818-0252-0 $24.95

English-Somali/Somali-English Dictionary
0246   ISBN 0-7818-0269-5 $29.50

Tajik-English/English-Tajik Concise Dictionary
456   ISBN 0-7818-0415-9 $11.95 pb

Learn Tamil
256   ISBN 0-7818-0062-5 $7.95 pb

Practical Thai
309   ISBN 0-7818-0401-9 $9.95 pb

Welsh-English/English-Welsh Dictionary
0116   ISBN 0-7818-0136-2 $19.95 pb

A New Concise Xhosa-English Dictionary
0167   ISBN 0-7818-0251-2 $14.95 pb

English-Yiddish/Yiddish-English Conversational Dictionary
(Romanized), *newly revised*
0341   ISBN 0-7818-0279-2 $8.95 pb

Zulu-English/English-Zulu Dictionary
203   ISBN 0-7818-0255-5 $29.50 pb

Self-Taught Audio Language Courses

Hippocrene Books is pleased to recommend Audio-Forum self-taught language courses. They match up very closely with the languages offered in Hippocrene dictionaries and offer a flexible, economical and thorough program of language learning.

Audio-Forum audio-cassette/book courses, recorded by native speakers, offer the convenience of a private tutor, enabling the learner to progress at his or her own pace. They are also ideal for brushing up on language skills that may not have been used in years. In as little as 25 minutes a day — even while driving, exercising, or doing something else — it's possible to develop a spoken fluency.

Finnish Self-Taught Language Courses

Finnish for Foreigners 1 8 cassettes (8 hr.), 236-p. text, 276-p. exercise book, 78-p. drill book, $185. Order #HFN01.

Finnish for Foreigners 2 3 cassettes (2 hr.), 215-p. text, 192-p. exercise book, $75. Order #HFN25.

Korva Tarkkana (Listening Program) 1 cassette (1 hr.), 102-p. book, $25. Order #HFN20.

All Audio-Forum courses are fully guaranteed and may be returned within 30 days for a full refund if you're not completely satisfied.

You may order directly from Audio-Forum by calling toll-free 1-800-243-1234.

For a complete course description and catalog of 264 courses in 91 languages, contact Audio-Forum, Dept. SE5, 96 Broad St., Guilford, CT 06437. Toll-free phone 1-800-243-1234. Fax 203-453-9774.